中等职业教育课程改革国家规划新教材配套教学用书

语文学习指导与能力训练

（拓展模块）

（第三版）

主编 陆迎真

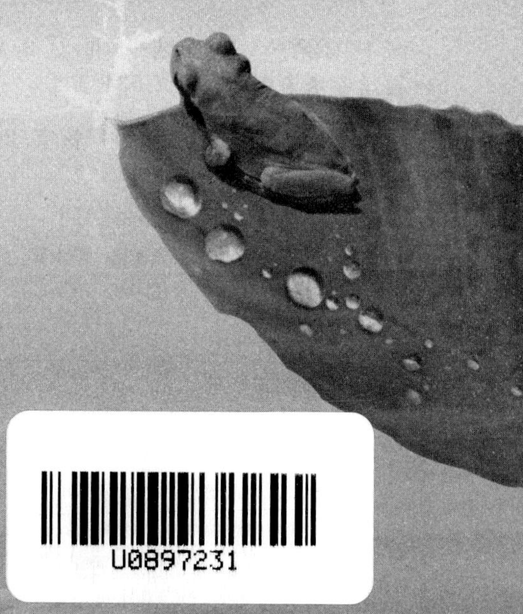

高等教育出版社·北京

内容提要

本书是中等职业教育课程改革国家规划新教材《语文》（拓展模块）（第三版）的配套练习册。

为贯彻落实党的十九大精神，本书在坚持第一版的编写原则和体例结构不变的基础上进行了本次修订。为与教材配套，本书作为语文学习指导与能力训练（拓展模块）（第三版）出版。

全书共6个单元，每个单元按必读课文设基础知识应用和阅读与表达能力训练，依单元设拓展延伸，可培养学生的语文应用能力，提高其人文素养，也可供教师编制练习时参考。本书配有A、B两套综合自测试卷，可由学生根据自己学习水平选择使用，检测学习效果。各单元练习及自测试卷均附有参考答案。

本书在题型设计、内容选择、难易度确定等方面，充分考虑中等职业教育培养目标对语文教学的要求，以及学生的实际水平，体现了"以能力为本位，以学生为主体，立德树人"的职业教育教学改革精神，具有较强的针对性和实用性，适用于中等职业教育各专业语文课程的教学。

本书有配套助学光盘，教师可利用光盘中的习题对学生进行有针对性的训练和测试。

本书配有学习卡资源，请按照本书最后一页"郑重声明"下方的"学习卡账号使用说明"，登录Abook网站（http://abook.hep.com.cn/sve），获取相关资源。

图书在版编目（CIP）数据

语文学习指导与能力训练：拓展模块／陆迎真主编．——3版．——北京：高等教育出版社，2018.7

ISBN 978-7-04-050036-3

Ⅰ.①语… Ⅱ.①陆… Ⅲ.①语文课－中等专业学校－教学参考资料 Ⅳ.①G634.303

中国版本图书馆CIP数据核字(2018)第143854号

Yuwen Xuexi Zhidao yu Nengli Xunlian

策划编辑 许 耘　责任编辑 李术蕊　封面设计 张 楠　版式设计 王艳红
责任校对 陈 杨　责任印制 毛斯璐

出版发行 高等教育出版社
社 址 北京市西城区德外大街4号
邮政编码 100120
印 刷 高教社(天津)印务有限公司
开 本 787mm×1092mm 1/16
印 张 8.5
字 数 200千字
购书热线 010-58581118
咨询电话 400-810-0598
网 址 http://www.hep.edu.cn
http://www.hep.com.cn
网上订购 http://www.hepmall.com.cn
http://www.hepmall.com
http://www.hepmall.cn
版 次 2010年7月第1版
2018年7月第3版
印 次 2018年8月第2次印刷
定 价 26.60元

本书如有缺页、倒页、脱页等质量问题，请到所购图书销售部门联系调换

物 料 号 50036-00

本书是中等职业教育课程改革国家规划新教材《语文》（拓展模块）（第三版）的配套练习册。

为贯彻落实党的十九大精神，本次修订，在坚持第一版的编写原则和体例结构不变的基础上，更加突出了以下特点：一是突出价值导向，努力将语文能力训练与文化熏陶融会在一起。二是聚焦语文素养，引导学生在语文能力训练中，获得语言理解与运用、思维发展与提升、审美发现与鉴赏、文化传承与发展等语文核心素养的全面发展。三是强化言语实践，引导学生运用课本所学方法，自主面对情境，解决问题，达成和巩固学习目标。

本书的修订工作由本套教材总主编倪文锦、于黔勋负责，参与修订的人员有何忠、钱和生、魏燕琪。

书中如有欠妥之处，欢迎使用者批评指正。

读者意见反馈信箱：zz_dzyj@pub.hep.cn。

编　者

2018年5月

本书是中等职业教育课程改革国家规划新教材《语文》（拓展模块）的配套练习册。本书以强调一致性、突出应用性、重视适用性为编写原则，充分考虑职业教育培养目标对语文课程的实际要求，以及学生语文学习的实际状况，以提高学生语文应用能力和拓展语文学习资源为目标，确定体例，安排题型，编制题目。

本书依据课本的教学单元编写，依课设置基础知识应用、阅读与表达能力训练，依单元设置拓展延伸。基础知识应用部分按照课本的有关教学内容设计练习，以提高学生运用知识的实际能力；阅读与表达能力训练部分旨在培养学生阅读分析能力和表达交流能力；拓展延伸部分通过文章阅读提升学生的赏析能力。考虑到学生学习水平和专业的不同，本书所配的综合自测试卷设计为 A、B 两套，可由学生自主选择，进行自我检测，也可供教师设计各类考试题目时参考。

本书由丁黔勋任总主编，陆迎真任主编。参加编写的有钱和生、胡玉华、梅亚萍、林旭芳、陆迎真。限于编写水平，书中难免存在不足甚至差错，期望使用的教师和学生指正。

编　者

2010 年 3 月

目录

第一单元

一　胡同文化

一、基础知识应用

1. 下列加点字的注音，完全正确的一项是（　　）

A. 噌（cēng）的一声　　大镊（niè）子　　喧（xuān）闹

B. 眯（mì）着　　虾（há）蟆陵　　怅（zhāng）望

C. 檩（lǐn）　　挪（nuǒ）窝儿　　祭（zhài）酒

D. 嘿（héi）　　熬（áo）白菜　　烦噪（zāo）

2. 下列加点词的解释，不正确的一项是（　　）

A. 我可是当了一辈子安善良民，从来奉公守法　　奉公守法：奉行公事，遵守法令。

B. 约二斤鸡蛋　　约：大约。

C. 文化形态　　形态：事物的形状或表现。

D. 别烦躁，别起急　　烦躁：烦闷急躁。

3. 根据下列语句的意思，在括号里写出与句意相应的成语或词语。

A. 在一个地方住习惯了，不肯轻易迁移。　　（　　　　）

B. 用冷静或冷淡的态度旁观。　　（　　　　）

C. 对别人的欺负或无理的待遇采取忍受的态度。　　（　　　　）

D. 规矩老实，不做违法乱纪的事。　　（　　　　）

4. 填入下列句子横线处的关联词，最恰当的一项是（　　）

会鸟是把鸟笼挂在一处，______可让鸟互相学叫，______互相比赛。

A. 又……又……　　B. 不仅……而且……

C. 既……也……　　D. 既……又……

二、阅读与表达能力训练

阅读下面的文字，完成5—12题。

（一）

北京人易于满足，他们对生活的物质要求不高。有窝头，就知足了。大腌萝卜，就不错。小酱萝卜，那还有什么说的。臭豆腐滴几滴香油，可以待姑奶奶。虾米皮熬白菜，嘿！我认识一个在国子监当过差，伺候过陆润庠、王垿等祭酒的老人，他说："哪儿也比不了北京。北京的熬白菜也比别处好吃，——五味神在北京。"五味神是什么神，我至今考查不出来。但是北京人的大白菜文化却是可以理解的。北京人每个人一辈子吃的大白菜摞起来大概有北海白塔那么高。

5. 对文中加点的字注音，全部正确的一项是（　　）

A. 塄：xù　摞：luò　　B. 塄：xǔ　摞：luǒ

C. 塄：xū　摞：luò　　D. 塄：xǔ　摞：luó

6. 对这段文字中所说的“北京人的大白菜文化”理解准确的一项是（　　）

A. 这是在向我们介绍北京人吃大白菜的丰富经验。

B. 这是在向我们介绍北京人偏爱大白菜的种种表现。

C. 这是在向我们介绍北京人朴素的生活观念。

D. 这是在向我们介绍北京人的各种狭隘心理和生活习俗。

7. 这段文字的中心句是：________

8. “哪儿也比不了北京。北京的熬白菜也比别处好吃，——五味神在北京。”先用简洁的语言对这句话进行评价；再模仿这句话的语言特点，用一句话对本地区的某一饮食特色菜进行评价。

____

____

____

（二）

传统文化的全称大概是“传统的文化”，落脚在文，是对应于当代文化和外来文化而言的。其内容当为历代存在过的种种物质的、制度的和精神的文化实体和文化意识。例如说民族服饰、生活习俗、古典诗文、忠孝观念之类，也就是通常所说的文化遗产。

传统文化产生于过去，带有过去时代的烙印；传统文化创成于本民族祖先，带有自己民族的色彩。文化的时代性和民族性，在传统文化身上表现得最为鲜明。

传统文化中的各个成分，在其发生的时候，是应运而生的，在历史上起过积极作用。及至事过境迁，它们或者与时俱进，演化出新的内容与形式；或者抱残守缺，化为明日黄花。也有的播迁他邦，重振雄风；也有的昙花一现，未老而先亡。但是，不管它们内容的深浅、作用的大小、时间的久暂、空间的广狭如何，只要它们存在过，它们便都是传统文化。

凡是存在过的，都曾经是合理的；凡是存在过的，都有其影响，问题在于影响的大小。因此，对后人来说，就有一个对传统文化进行分析批判的任务，明辨其时代风貌，确认其历史地位，接受或拒绝其余风遗响。在我国，所谓的发掘抢救、批判继承、古为今用等办法和方针，都是针对传统文化而言的；所有的吃人的礼教、东方的智慧等贬褒不一的议论，也多是围绕传统文化而发。

（节选自庞朴《传统文化与文化传统》，《中国社会科学季刊》1993年第4期，略有改动）

9. 下列各项是对成语“抱残守缺”的注音或解释，有误的一项是（　　）

A. “抱残守缺”的读音为：bào cán sǒu quē

B. “抱残守缺”中的“抱”同“保”。

C. “抱残守缺”意为：保守残缺，泥守陈旧，指思想保守或好古者的守旧。

D. “抱残守缺”最早出于《汉书·刘歆传》：“孝成皇帝……犹欲抱残守缺。”

10. 成语“明日黄花”指的是过时的事物。按一般人的理解，既然是比喻过时的事物，那就应该是“昨日”而非“明日”。查找有关资料，弄清“明日黄花”这个成语的出处、意义和用法。

____

____

____

11. 结合选文第1、2两个自然段的内容，给“传统文化”下一个定义，尽量用文中语言。

____

____

____

12. 传统文化“凡是存在过的，都曾经是合理的”。现在国家已明文规定春节、清明节、端午节、中秋节为中华民族传统节日。为此，有人认为在清明节人们祭祀祖先时烧纸钱既合情、合理，又合法。如果你的同学就此问题与你讨论，你准备从哪些方面来谈？写出你的谈话提纲，观点要明确。

____

____

____

二　废墟的召唤

一、基础知识应用

1. 下列加点字的注音，不正确的一项是（　　）

A. 妲（dá）己　　黛（dài）青色

B. 褒姒（sì）　　蘸（zhān）

C. 远瀛（yíng）观　　嗫（niè）嚅（rú）

D. 窸（xī）窣（sū）　　海晏（yàn）堂

2. 下列加点字词的解释，完全正确的一项是（　　）

A. 窈窕（文静而美好）　　点缀（装饰）

B. 朦胧（朦朦胧胧）　　甲胄（古代称帝王或贵族的子女）

C. 窸窣（模拟摩擦等较轻微的声音）　　凝（凝结）望

D. 寂寞（寂静、冷静）　　蘸（在液体、粉末或糊状的东西里沾一下就拿出来）

3. 依次填入下列句子横线处的成语，最恰当的一项是（　　）

① 这蒙受了奇耻大辱的废墟，只管悠闲地、__________地停泊着。

② 那时的我们，是何等__________，是何等的满怀热忱！

③ 我不怪他们，怎能怪他们呢！我嗫嚅着，很不__________。

A. ①安分守己　②气势磅礴　③理直气壮

B. ①漫不经心　②踌躇满志　③理直气壮

C. ①若无其事　②慷慨激昂　③理直气壮

D. ①熟视无睹　②慷慨激昂　③理直气壮

4. “在莽苍苍的原野上，这一组建筑遗迹宛如一列正在覆没的船只；而那丛生的荒草，便是海藻；杂陈的乱石，便是这荒野的海洋中的一簇簇泡沫了。”对这一段话所用修辞手法的分析，正确的一项是（　　）

A. 这一段话共有3个比喻：第一个本体是荒野，喻体是海洋；第二个本体是荒草，喻体是海藻；第三个本体是乱石，喻体是泡沫。

B. 这一段话共有4个比喻：第一个本体是荒野，喻体是海洋；第二个本体是荒草，喻体是海藻；第三个本体是乱石，喻体是泡沫；第四个本体是建筑遗迹，喻体是船只。

C. 这一段话共有3个比喻：第一个本体是荒草，喻体是海藻；第二个本体是乱石，喻体是泡沫；第三个本体是建筑遗迹，喻体是船只。

D. 这一段话共有两个比喻：第一本体是荒草，喻体是海藻；第二个本体是乱石，喻体是泡沫。

二、阅读与表达能力训练

阅读下面的文字，完成5—12题。

（一）

对着这一段凝固的历史，我只有怅然凝望。大水法与观水法之间的大片空地，原来是两座大喷泉，想那水姿之美，已到了标准境界，所以以“法”为名。西行可见一座高大的废墟，上大下小，像是只剩了一截的、倒置的金字塔。悄立“塔”下，觉得人是这样渺小，天地是这样广阔，历史是这样悠久——

路旁的大石龟仍然无表情地蹲伏着。本该竖立在它背上的石碑躺倒在土坡旁。它也许很想驮着这碑，尽自己的责任吧。风在路另侧的小树林中呼啸，忽高忽低，如泣如诉，仿佛从废墟上飘来了“留——留——”的声音。

我诧异地回转身去看了。暮色四合，方外观的石块白得分明，几座大石叠在一起，露出一个空隙，像要对我开口讲话。告诉我这里经历的烛天的巨火么？告诉我时间在这里该怎样衡量吗？还是告诉我你的向往，你的期待？

风又从废墟上吹过，依然发出“留——留——”的声音。我忽然醒悟了。它是在召唤！召唤人们留下来，改造这凝固的历史。废墟，不愿永久停泊。

然而我没有为这努力过吗？便在这大龟旁，我们几个人曾怎样热烈地争辩啊。那时的我们，是何等慷慨激昂，是何等的满怀热忱！和人类比较起来，个人的一生是小得多的概念了，每个人自有理由做出不同的解释。我只想，楚国早已是湖北省，但楚辞的光辉，不是永远充塞于天地之间吗？

空中一阵鸦噪，抬头只见寒鸦万点，驮着夕阳，掠过枯树林，转眼便消失在已呈粉红色的西天。在它们的翅膀底下，晚霞已到最艳丽的时刻。西山在朦胧中涂抹了一层娇红，轮廓渐渐清楚起来。那娇红中又透出一点蓝，显得十分凝重，正配得上空气中摸得着的寒意。

5. 下列加点字词注音和解释，完全正确的一项是（　　）

A. 蹲伏　　蹲（cún）：两腿尽量弯曲，像坐的样子，但臀部不着地。

B. 废墟　　墟（xū）：原有许多人家聚居而现在已荒废了的地方。

C. 渺小　　渺（miào）：微小、藐小。

D. 醒悟　　悟（wǔ）：了解、领会、觉醒。

6. 有人对“废墟，不愿永久停泊”中的“废墟”有以下几种解释，最恰当的一项是（　　）

A. 指荒废了的地方。　　B. 指圆明园。

C. 指凝固的历史。　　D. 指已荒废了的圆明园。

7. 写景细腻、情景交融是本文的一大特色，下列是对选文最后一段写景内容的理解，有误的一项是（　　）

A. 空中鸦噪与废墟之静对比，突出废墟的空旷、寂寥。

B. 粉红色的西天与暗影下的废墟对比，既是写实景，又把人们的视线由地面引向透着美丽夕阳的天空。

C. 表达了作者对变革给国家和民族带来的万千气象的向往和憧憬。

D. 以“鸦噪”突出“废墟”的“寒意”，暗示作者心中对“凝固的历史”的“寒意”。

8. “风又从废墟上吹过，依然发出‘留——留——’的声音。我忽然醒悟了。它是在召唤！召唤人们留下来，改造这凝固的历史。”这段话运用了什么修辞手法？结合文章语境，说说你对这句话的理解。最后在保留原意、使用同样的修辞手法，将这段话压缩为一句话。

____

____

____

（二）

不能设想，古罗马的角斗场需要重建，庞贝古城需要重建，柬埔寨的吴哥窟需要重建，玛雅文化遗址需要重建。

这就像不能设想，远年的古铜器需要抛光，出土的断戟需要镀镍，宋版图书需要上塑，马王堆的汉代老太需要植皮丰胸、重施浓妆。

只要历史不阻断，时间不倒退，一切都会衰老。老就老了吧，安详地交给世界一副慈祥美。假饰天真是最残酷的自我糟践。没有皱纹的祖母是可怕的，没有白发的老者是让人遗憾的。没有废墟的人生太累了，没有废墟的大地太挤了，掩盖废墟的举动太伪诈了。

还历史以真实，还生命以过程。

——这就是人类的大明智。

并非所有的废墟都值得留存。否则地球将会伤痕斑斑。废墟是古代派往现代的使节，庄严地保持着派出者的习俗和服饰，不敢轻易地入乡随俗。使节总是稀少的，经过历代君王的挑剔和筛选。使节负有沉重的使命，不负使命的来访者不是使节。当代的瓦砾堆不是我们所说的废墟，古代的旷野也不在我们关注的范围。废墟是祖辈曾经发动过的壮举，会聚着当时当地的力量和精粹。碎成齑粉的遗址也不是废墟，废墟中应有岁月坚硬的断柱的残片。废墟能提供破读的可能，废墟散发着让人流连盘桓的磁力。是的，废墟是一个磁场，一极古代，一极现代，心灵的罗盘在这里感应强烈。失去了磁力就失去了废墟的生命，它很快就会被人们淘汰。

并非所有的修缮都属于荒唐。小心翼翼地清理，不露痕迹地加固，再苦心设计，让它既保持原貌又便于观看。这种劳作，是对废墟的恩惠，全部劳作的终点，是使它更成为一个名副其实的废墟，一个人人都愿意凭吊的废墟。修缮，总意味着一定程度的损失。把损坏降到最低度，是一切真正的废墟修缮家的夙愿。也并非所有的重建都需要否定。如果连废墟也没有了，重建一个来实现现代人吞古纳今的宏志，那又何妨。但是，那只是现代建筑家的古典风格，沿用一个古名，出于幽默。黄鹤楼重建了，可以装电梯；阿房宫若重建，可以做宾馆；滕王阁若重建，可以辟商场。这与历史，干系不大。如果既有废墟，又要重建，那么，我建议，千万保留废墟，傍邻重建。在废墟上开推土机，让人心痛。

不管是修缮还是重建，对废墟来说，要义在于保存。圆明园废墟是北京城最有历史感的文化遗迹之一，如果把它完全铲平，造一座崭新的圆明园，多么得不偿失。大清王朝不见了，熊熊火光不见了，民族的郁忿不见了，历史的感悟不见了，抹去了昨夜的故事，去收拾前夜的残梦。但是，收拾来的又不是前夜残梦，只是今日的游戏。

（节选自余秋雨《废墟》，《文明的碎片》，春风文艺出版社1994年版）

9. 下列加点字词注音和解释，有误的一项是（　　）

A. 郁忿（fēn，同“愤”）　　B. 修缮（shàn，修补）

C. 瓦砾（lì，小石块、碎石）　　D. 齑（jī，细、碎）粉

10. 查词典，解释下列成语，并造句。

① 小心翼翼：________________

② 名副其实：________________

③ 得不偿失：________________

11. 选文的第1、2两个自然段采用的修辞手法是（　　）

A. 比喻　　B. 类比　　C. 对比　　D. 夸张

12. 作者说，“当代的瓦砾堆不是我们所说的废墟，古代的旷野也不在我们关注的范围”，“碎成齑粉的遗址也不是废墟”。尽可能用原文中的话回答什么才是作者认为的废墟？

____

____

三　过万重山漫想

一、基础知识应用

1. 下列加点字的注音，完全正确的一项是（　　）

A. 夔（kuí）门　　抟（tuán）　　攲（qī）

B. 端倪（ní）　　耸峙（shì）　　圭（guī）

C. 啃噬（shí）　　步履（lǚ）　　燧（suì）

D. 翎（līng）毛　　酣（hán）睡　　嘁（qí）

2. 下列句子中，没有错别字的一项是（　　）

A. 面对这奇景，语言中的一切华丽辞藻都暗然失色，积存在我记忆里的那些古人今人的文字，竟如同临阵脱逃的怯弱者，都躲藏起来，无影无踪了。

B. 于是，我的思绪，如同被急风牵引着，无边无际地延展开去。

C. 太阳隐去，只偶然透过青蒙蒙的薄雾，从高山的缺口伸出几道光束，如同仙人伸出发光的手臂，给江峡涂上神奇的色彩。

D. 用独木船穿过三峡，简直难以想象，可是那第一个人就是毫不含糊地这么做的。

3. 下列句子语序正确的是（　　）

A. 历史在前进中，不免有挫折，有迂回，有失败，有后退。

B. 我凭舷眺望，江水滔滔，向东流去，一泻千里。

C. 那长篙短篙拄在礁石上，巨浪狂扑，船舷皱侧，生死在毫发间的情景，至今想来还感到惊心动魄。

D. 天渐渐开阔，地渐渐平旷，忽然飘来几只沙鸥，闪电一样快，雪片一样白，在船头画了个圈儿，不见了。

4. “面对这奇景，语言中的一切华丽辞藻都黯然失色，积存在我记忆里的那些古人今人的文字，竟如同临阵脱逃的怯弱者，都躲藏起来，无影无踪了。至于我的这支惯于唠叨的笔，为了免于留下以敝帚画西施的笑柄，也知趣地变成了哑子。”对这一段文字中依次所运用的修辞手法，判断正确的一项是（　　）

A. 拟人　明喻　拟人　引用　暗喻

B. 对比　明喻　拟人　引用　暗喻

C. 类比　暗喻　拟人　引用　明喻

D. 类比　明喻　拟人　引用　暗喻

二、阅读与表达能力训练

阅读下面的文字，完成5—12题。

（一）

那时候，人们对自然的认识还是极有限的。他站立在独木船上，拿起竹篙的时候会想些什么呢？

前面的路有多长？这峡道会不会有几千几万里，会不会直通到海底甚至通到地狱？他不知道，也没有想。前面的路有多险？那高崖会不会劈头盖顶崩落下来？那礁石会不会狼牙一样遍布江底？那江水会不会中途变成直下千仞的飞瀑？他不知道，也没有想。前面的路上会遇到些什么？会不会遇到百丈的蛟、九头的蛇？会不会遇到双睛似电、头颅如山的妖魔鬼怪？他不知道，也没有想。他自己会不会中途遇险？如果遇险，他会像一个水泡那样顷刻消散，还是会给人们留下永远的记忆？他不知道，也没有想。他只是想走出去，去扩大生活的世界。于是，他用竹篙一点，独木船开动了……

5. 对选文中“那时候，人们对自然的认识还是极有限的”一句中的“那时候”的理解，正确的一项是（　　）

A. 指远古时代。

B. 指人们刚刚开始认识自然的时候。

C. 指古时候人们尝试通过三峡的历史阶段。

D. 虚指，不确定。

6. 对选文第 2 自然段内容的分析理解，有误的一项是（　）

A. 4 次重复“他不知道，也没有想”，表明第一个穿过三峡的人，在即将启程的时候，并没有过多地考虑所面临的困难。

B. 在内容上以他“也没有想”宕开数笔，结尾又回到那个“想”上来，突出穿过三峡的第一人的“生活目的”。

C. 多处写到“他不知道，也没有想”，在层次安排上突出了一个“险”字，形成了一个后缀重复的排比句式，从而突出了这穿过三峡的第一人的“明知有险而不怕险”的“勇于历险精神”。

D. 在 11 个问句中，有 4 个问题是涉及人对自然的认识，所以用 4 个重复句子作为标志。

7. 选文中“他只是想走出去，去扩大生活的世界”一句中的“扩大生活的世界”指的是什么？

____

____

8. 根据下列提示，模仿选文的第 2 自然段的写法，写一段排比句。

提示：前面的路有多长？……他不知道，也没有想……他只是想认真学习，刻苦训练，努力提高自己的综合素质，为将来创造自己丰富多彩的职业生涯奠定基础。

____

____

____

（二）

我凭舷眺望，望着茫茫的江水。据科学家说，在洪荒时代，四川盆地本来是个内陆海。海水东注，撞击、啃噬着东边的大山，年深日久，终于“凿开”一条通道，就是“三峡”。这江水是在什么时候凿开三峡的呢？它的源头为什么总是无穷无尽，它的流动为什么总是无止无休，它的去处为什么总是不盈不溢呢？当它以摧山坼地之力凿开三峡洋洋东去之时，可曾想到后来竟变成那渺小的生物——人的胯下坐骑么？我的思想向着更遥远的空间和时间飞去。“水击三千里，抟扶摇而上者九万里”，也许还要高远。人类的历史，对于我本来如同远在云天之上、不可端倪的飞鸟，此时忽如栖落在手指上，简直可以数一数它的翎毛。

能使用工具的人类的出现，据说距今已有两三百万年。不要小看第一个使用石器的人，第一个燧木取火的人，第一个弯弓射箭的人，第一个跨上马背的人，他们越过了人类儿童时代一座又一座真正的“三峡”——不，他们的步履更为艰难，他们的业绩更为伟大。人类在漫漫的行程中，每一分钟都在向着难以数计的未知的领域进军，都有难以数计的第一个穿过“三峡”的人开拓道路。于是，历史昂然向前。

行程是艰险的。历史在前进中，不免有挫折，有迂回，有后退，有失败。自然也就不免有清谈者，有酣睡者，有摇头者，有叹气者，有彷徨者，有哭泣者。但是他们不是历史的脊梁，他们像蛛丝一般无力，绊不住历史的脚步。

千百年后，假如三峡无恙，也还会有人从此穿过。从千百年后看今天，也如同今天看第一个穿过三峡的人一样。在那时的人看来，完成我们今天从事的业绩，会跟玩积木一样轻而易举了。但是，他们不会嘲笑我们，他们会崇敬我们的精神。至于我这篇平凡的文字，那时是早已泯灭的了。然而，如果他们从考古的废墟上发现了它，我敢断定，他们会说："这个人，没有说谎。"

9. 对选文中几处"三峡"含义的理解与判断，有误的一项是（　　）

A. "终于'凿开'一条通道，就是'三峡'。"这一句中的"三峡"指的是开辟出来的一条水道。

B. "他们越过了人类儿童时代一座又一座真正的'三峡'。"这一句中的"三峡"是指具体的瞿塘峡、巫峡和西陵峡。

C. "人类在漫漫的行程中，每一分钟都在向着难以数计的未知的领域进军，都有难以数计的第一个穿过'三峡'的人开拓道路。"这一句中的"三峡"指的是人类在创造宏伟业绩过程中的困难。

D. "从千百年后看今天，也如同今天看第一个穿过'三峡'的人一样。"这一句中的"三峡"是指具体的瞿塘峡、巫峡和西陵峡。

10. "他们不会嘲笑我们，他们会崇敬我们的精神。"对作者这样推断的根据，理解恰当的一项是（　　）

A. 我们创造出了比古人更伟大的业绩。

B. 我们创造出了可与千百年后的人们相媲美的业绩，"不怕困难，勇于开拓"是人类永远崇尚的精神品质。

C. 千百年后人们对大自然的认识还停留在现在人们认识的层次上。

D. 我们实事求是，没有弄虚作假故意夸大我们的业绩。

11. 结合语境，说说文中"清谈者""酣睡者"分别是指什么人？

"清谈者"指____________________________

"酣睡者"指____________________________

12. 当第一个穿过三峡的人成功地穿过三峡回来后，此时的"清谈者""酣睡者"会讲什么呢？发挥你的想象，模仿他们的语气写出他们所说的话，既要简洁，每一个人的话不超过30个字，又要符合他们的心理，体现他们的性格，并用一个词作为修饰语，描绘他们说话时的神态。

"清谈者"______说：________________________

"酣睡者"______说：________________________

四　西安这座城

一、基础知识应用

1. 下列加点字的注音，完全正确的一组是（　　）

A. 迥（jiǒng）然　　蝉蜕（tuō）　　腐蚀（shí）

B. 枝柯（kē）　　招募（mù）　　拓（tuò）片

C. 烟囱（cōng）　　幡（fān）旗　　喧嚣（xiāo）

D. 显赫（hè）　　火铳（tǒng）　　矫（jiǎo）情

2. 作者说："在全世界的范围内最具古城魅力的，也只有西安了。"又说，西安"囫囫囵是一个旧的文物"，下列不属于"旧文物"的一项是（　）

A. 古城墙赫然完整　　B. 科技人才云集

C. 街巷有历史标记　　D. 口语保留典雅文言

3. 下列句子中，成语使用不恰当的一项是（　）

A. 洋洋洒洒地走进高等学府的神圣殿堂，是我梦寐以求的事情。

B. 他的作品并非如有人所说的那样简单得一目了然，说这种话的人归根到底是没有读懂原著。

C. 他干这场壮举时还只是一个二十几岁的英雄少年，正血气方刚，欲为朝廷痛杀贼寇，收复失地。

D. 革命先烈前仆后继，摸索救国救民的道理，是可歌可泣的。

4. 下列说法，不符合原文的一项是（　）

A. 关中地区的秦腔和皮影木偶是人们自娱自乐的地方戏，它已成了人们追忆历史、宣泄自豪的方式。

B. 西安人杰地灵，这是古城悠久的历史和丰富的文化所赋予的，这座古城也因此永葆活泼的生命力。

C. 西安有着悠久而辉煌的历史，作者以此为突破口，集中笔墨突出了西安历史的辉煌。

D. 文章既表现了西安这座古城的魅力，也写出了古都人的鲜明个性。

二、阅读与表达能力训练

阅读下面文字，完成5—12题。

（一）

当世界上的新型城市愈来愈变成了一堆水泥，我该怎样来叙说西安这座城呢？是的，没必要夸耀曾经是十三个王朝国都的历史，也不自得八水环绕的地理风水，承认中国的政治、经济、文化的中心已不在了这里，对于显赫的汉唐，它只能称为"废都"。但可爱的是，时至今日，气派不倒的，风范犹存的，在全世界的范围内最具古都魅力的，也只有西安了。它的城墙赫然完整，独身站定在护城河上的吊板桥上，仰观那城楼、角楼、女墙垛口，再怯弱的人也要豪情长啸了。大街小巷方正对称，排列有序的四合院砖雕门楼下已经黝黑如铁的花石门墩，让你可以立即坠入了古昔里高头大马驾驶了木制的大车喤喤喤开过来的境界里去。如果有机会收集一下全城的数千个街巷名称：贡院门、书院门、竹笆市、琉璃市、教场门、端履门、炭市街、麦苋街、车巷、油巷……你突然感到历史并不遥远，以至眼前飞过一只并不卫生的苍蝇，也忍不住怀疑这苍蝇的身上有着汉时的模样或是有唐时的标记。现代的艺术在大型的豪华的剧院、影院、歌舞厅日夜上演着，但爬满青苔的如古钱一样的城墙根下，总是有人在观赏着中国最古老的属于这个地方的秦腔，或者皮影木偶。这不是正规的演艺人，他们是工余的娱乐，有人演，就有人看，演和看都宣泄的是一种自豪，生命里涌动的是一种历史的追忆，所以你也便明白了街头饭馆里的餐具，碗是那么粗的瓷，大得称之为海碗。逢年过节，你见过哪里的城市的街巷表演着社戏，踩起了高跷，扛着杏黄色的幡旗放火铳，敲纯粹的鼓乐？最是那土得掉渣的土话里，如果依音笔写出来，竟然是文言文中的极典雅的词语，抱孩子不说抱，说"携"，口中没味不说没味，说"寡"，即使骂人滚开也不说滚，说"避"。你随便走进一条巷的一户人家中吧，是艺术家或者是工人、小职员、个体的商贩，他们的客厅是必悬挂了装裱考究的字画，桌柜上必是摆设了几件古陶旧瓷。对于书法绘画的理解，对于文物古董的珍存，成为他们生活的基本要求。男人们崇尚的是黑与白的色调，女人们则喜欢穿大红大绿的衣裳，质朴大方，悲喜分明。他们少以言辞，多以行动；喜欢沉默，善于思考；崇拜的是智慧，鄙夷的是油滑；有整体雄浑，无琐碎甜腻。西安的科技人才云集，产生了众多的全球也著名的数学家、物理学家，但民家却大量涌现着《易经》的研究家，观天象、识地理、搞预测、做遥控。你不敢轻视了静坐于酒馆一角独饮的老翁或巷头鸡皮鹤首的老妪，他们说不定就是身怀绝技的奇才异人。清晨的菜市场上，你会见到手托着豆腐，三个两个地立在那里谈论着国内的新闻。在公共厕所蹲坑，你也会听到最及时的关于联合国的一次会议的内容。关心国事，放眼全球，似乎对于他们是一种多余，但他们就是有这种古都赋予的秉性。"杞人忧天"从来不是他们讥笑的名词，甚至有人庄严地提议，在城中造一尊巨大的杞人雕塑，与那巍然竖立的丝绸之路的开创人张骞塑像相映生辉，成为一种城标。整个西安城，充溢着中国历史的古意，表现的是一种东方的神秘，囫囫囵是一个旧的文物，又鲜活活是一个新的象征。

5. "对于显赫的汉唐，它只能称为'废都'"，这里"废都"的含义是什么？

6. 西安人具有怎样的性格特点？阅读选文后加以概括说明。

7. 作者说"生命里涌动的是一种历史的追忆"，文章是如何体现这一点的？请分条陈述。

8. 《西安这座城》很多地方采用了第二人称的写法，请说说这样写的好处。

（二）

我常想，要是为辛弃疾造像，最贴切的题目就是"把栏杆拍遍"。他一生大都是在被抛弃的感叹与无奈中度过的。当权者不使为官，却为他准备了锤炼思想和艺术的反面环境。他被九蒸九晒、水煮油炸、千锤百炼。历史的风云、民族的仇恨、正与邪的搏击、爱与恨的纠缠、知识的积累、感情的浇铸、艺术的升华、文字的锤打，这一切都在他的胸中、他的脑海，翻腾、激荡，如地壳内岩浆的滚动鼓胀、冲击积聚。既然这股能量一不能化作刀枪之力，二不能化作施政之策，便只有一股脑地注入诗词，化作诗词。他并不想当词人，但武途政路不通，历史歪打正着地把他逼向了词人之道。终于他被修炼得连叹一口气也是一首好词了。说到底，才能和思想是一个人的立身之本。像石缝里的一棵小树，虽然被扭曲、挤压，成不了旗杆，却也可成一条遒劲的龙头拐杖，别是一种价值。但这前提，你必须是一棵树，而不是一苗草。从“沙场秋点兵”到“天凉好个秋”；从决心为国弃疾去病，到最后掰开嚼碎，识得辛字含义，再到自号“稼轩”“同盟鸥鹭”，辛弃疾走过了一个爱国志士、爱国诗人的成熟过程。诗，是随便什么人就可以写的吗？诗人，能在历史上留下名的诗人，是随便什么人都可以当的吗？“一将功成万骨枯”，一员武将的故事，还要多少持刀舞剑者的鲜血才能写成。那么，有思想光芒又有艺术魅力的诗人呢？他的成名，要有时代的运动，像地球大板块的冲撞那样，他时而被夹其间感受折磨，时而又被甩在一旁被迫冷静思考。所以积300年北宋南宋之动荡，才产生了一个辛弃疾。

（节选自梁衡《把栏杆拍遍》）

9. 对语段中加点的“升华”“积聚”“扭曲”“魅力”4个词的解释，错误的一项是（ ）

A. 升华：比喻事物的提高和精炼。

B. 积聚：积累。

C. 扭曲：转动、曲折。

D. 魅力：很能吸引人的力量。

10. 下列对这一语段中心意思的概括，正确的一项是（ ）

A. 为辛弃疾造像，最贴切的题目就是“把栏杆拍遍”。

B. 辛弃疾的一生是在被抛弃的感叹与无奈中度过的。

C. 历史把辛弃疾逼向了词人之道。

D. 宋朝300年里才产生了一个辛弃疾。

11. 结合语境，说说语段中画线的“这股能量”指的是什么。

____

____

____

12. 作者说：辛弃疾“像石缝里的一棵小树，虽然被扭曲、挤压，成不了旗杆，却也可成一条遒劲的龙头拐杖，别是一种价值”。结合语境，说说这一比喻的含义。

____

____

____

（一）

阅读提示

有人说历史是过去、是昨天，与今天、与明天无关。

然而，宋代吕祖谦说：读史书“学问亦可以进，知识亦可以高”。

——走进历史，走近历史，倾听历史的回声，就能从中吸收智慧，得以启迪；就能从中引发思索，激起反省。

古人还说：“见古知今，鉴往知来。”

——走出历史，走进现实，以古鉴今，针对时弊，就能总结经验、吸取教训，就能掌握今天、创造明天，从而走向未来。

文学使我们丰富，哲学使我们睿智，思想使我们深刻，历史使我们厚重……所以，我们要学习认识、认识历史。

读 历 史

刘 墉

中国的文字，真是高妙极了，譬如历史的“史”字，下方是手的象形，中间一竖为笔，而上方的像口的部分，则是所写的东西，三者加起来，成为“记事者”，也就是“史官”或今天所说的史学家。此外，我们也可以说；史这个字是由“手”和“中”两部分结合而成的，“中”又有两种解释：一为专指“官府簿书者”，一为“执中不偏”。结合以上许多点，我们可以为“史”下个定义：记事言事，能执中不偏、秉笔直书，存正存真者为史。史既然是记录实事，自然种类繁多，依写法的不同，有通史、断代史、编年史，等等；依内容分，则有文学史、美术史、音乐史；甚至风流的事写成书，也能称为风流史、韵史或艳史。总之，只要有人、有事、有笔、能文，就能写史。即使是平凡的日记，只要写得实在，都能称为是他个人的“史”。

西洋人说“学历史使人聪明”，也就是中国人所讲的“见古知今，鉴往知来”，一个人能知古、知今、知来，谁能说他不聪明呢？这是一个人类世界，无论今古，人性是相似的，从基本上的嫉妒、贪婪、疑惑，到深一层的忍耐、矛盾、妥协；从周幽王到尼禄，从恺撒到拿破仑，从日本的“大名”到中国的“军阀”，尽管时空差了一大截，人性的变化却是相似的。所以一个对历史研究深入的人，往往也是最了解人性的人。

“学历史也使人豁达”，在观千古的兴废盛衰、枯荣消长之后，发现这茫茫人海漫漫时空，千变万变，却脱不出历史的定则，而成王败寇，邦国定、功臣逐，怎能不令人看破世事，豁然达观呢？

“人事有代谢，往来成古今。”孟浩然的这两句诗，应该是对历史最恰当的解说了，因为他没有李白的“古来圣贤皆寂寞，惟有饮者留其名”的消极，也没有杜甫“怅望千秋一洒泪，萧条异代不同时”的感伤，更不像李商隐发出“管乐有才真不忝，关张无命欲何如”的惋叹。

历史无所谓错误，更无所谓遗憾，因为历史就是历史，已经发生了，已经定案了，已经绵绵延延地影响下去了，也已经发展到了今天。这么说，学历史对我们有什么好处呢？那当是：利用前人的经验，以掌握今天，创造明天。

（选自《萤窗小语》，漓江出版社 1999 年版）

想一想

阅读选文以后，你认为学习历史、走进历史有什么好处？

（二）

照片摄于 1924（节选）

张若愚

原来，圆明园虽然经历了 1860 年那场浩劫，毕竟园子的范围太大，圆明园和长春园北半部尚有不少建筑以及山池花木完整保留下来，各园仍由有关官员和宫监管理着。同治十二年（公元 1873 年）八月，载淳新政，以奉养撤帘后的两宫皇太后为名，下令内务府重新修复圆明园。是时清王朝已大厦将倾，国库告罄，圆明园的修复工程已经无法进行下去，不得不在次年中辍。1900 年，八国联军攻占北京，慈禧与光绪亡命西安。此时，京城内外一片混乱，驻守城外西北部的八旗兵将，乘机勾结宫监和附近的地痞恶霸，将圆明园内的木构殿宇几乎全部拆卸，盗卖一空——八旗将领王怀庆便利用这里的木石为自己修建了一座私人花园。由于米价暴涨，不法奸商往大米中掺白石子，怂恿一些饥民将园中的汉白玉石料敲碎以六比一的比率换米。经过这一番洗劫，先前幸存以及后来重修的建筑几乎破坏殆尽。灾难并没有到此为止，北洋政府和国民党统治时期，军阀官僚和帝国主义分子更是肆无忌惮地盗窃和破坏残存的建筑。大军阀张作霖为营造坟墓，竟然光天化日之下从园中拆运建筑材料——多么愚顽而又可叹的悲剧！

…………

我由此而引起的震惊和愤懑，不啻当初从小学历史教师那里感染来的情绪，后者是刻骨铭心之仇，而前者是痛彻心髓之恨！同为炎黄子孙，也有不肖之种种。用什么词汇去形容这群丑类呢？助纣为虐，多少有些恭维；趁火打劫，也显得轻看低估；恶棍无赖，又觉价码不足……它们为全民蒙上一层永劫难消的羞耻，这些断脊的败类，即使采用封建时代最残酷的车裂刑罚去处置，也难解人们心头之恨！当然，我这里所说的败类，不应该也不愿包括照片中的那些人们，即使他们不是正经八百的劳动人民，也是压在最底层的芸芸众生，我们怎忍心去责难他们？然而，面对着照片里车老板的那副空洞木然的面孔，我却怎么也抑制不住地感到一阵阵的惊骇、战栗、悸痛！心也不禁为悲哀和酸楚所浸渍……

（选自《一份缘》，人民文学出版社 1993 年版）

1. 下列加点字注音，有误的一项是（　　）

A. 告罄（qìng）　　怂恿（yǒng）　　不啻（chì）

B. 不肖（xiào）　　中辍（cuò）　　忌惮（dàn）

C. 地痞（pǐ）　　愤懑（mèn）　　悸（jì）痛

D. 助纣（zhòu）　　颤（zhàn）栗　　浸渍（zì）

2. 下列加点字词解释，有误的一项是（　　）

A. 不肖：品行不好，多用于子弟。　　不啻：但、只。

B. 悸痛：因害怕而心跳得厉害。　　　浸渍：浸、沤、沾。
C. 愤懑：气愤、抑郁不平。　　　　　怂恿：鼓动别人去做（某事）。
D. 中辍：中止、停止。　　　　　　　恭维：保持、保全。

3. 找出选文中的成语并解释。（不少于5个）

4. 对选文第1自然段中使用的两个破折号的作用，理解正确的一项是（　　）
A. 第一个破折号：解释、说明；第二个破折号：解释、说明。
B. 第一个破折号：语义延伸；第二个破折号：转折。
C. 第一个破折号：解释、说明；第二个破折号：递进。
D. 第一个破折号：转折；第二个破折号：递进。

5. 对“助纣为虐，多少有些恭维；趁火打劫，也显得轻看低估；恶棍无赖，又觉价码不足……”一句所运用的修辞手法，判断正确的一项是（　　）
A. 对比　　B. 夸张　　C. 排比　　D. 比喻

6. 对“用什么词汇去形容这群丑类呢？”一句所运用的句式，判断正确的一项是（　　）。
A. 反问句　　　　　　　　　　B. 疑问句
C. 既是反问句，又是疑问句　　D. 设问句

7. 选文表达了作者怎样的思想感情？

8. 宗璞说：“仿佛听得说要修复圆明园了，我想，能不能留下一部分废墟呢？最好是远瀛观一带，或只是这座断桥，也可以的。”

余秋雨说：“圆明园废墟是北京城最有历史感的文化遗迹之一，如果把它完全铲平，造一座崭新的圆明园，多么得不偿失。大清王朝不见了，熊熊火光不见了，民族的郁忿不见了，历史的感悟不见了……”

张若愚说：在圆明园“那水锈斑斑的石面上，记录着100多年间帝国主义侵华的种种兽行，浸透了中华民族的屈辱泪水……”

你认为是全面修复圆明园废墟，还是全面保留圆明园废墟，还是将这“浸透了中华民族的屈辱泪水”的圆明园废墟全面铲除？以“圆明园废墟的______”（在横线上填入“修复”，或“保留”，或“铲除”，或其他能表明自己态度的词）为题，写一篇500字左右的议论文。

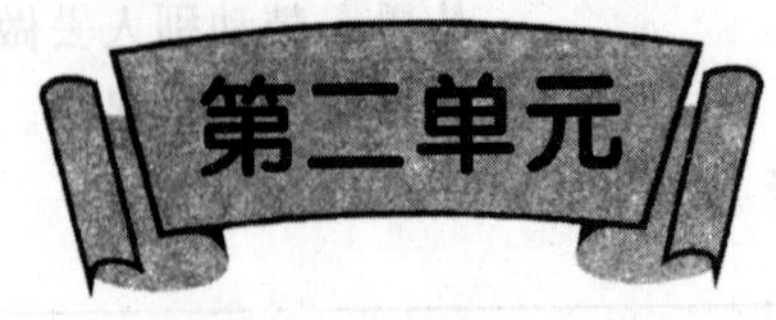

第二单元

六 过秦论

一、基础知识应用

1. 下列加点字的注音，全部正确的一组是（ ）

A. 逡（qūn）巡　锋镝（dí）　蹑（niè）足　墨翟（zhái）

B. 膏腴（yú）　藩（pān）篱　崤（xiáo）山　蒙恬（tián）

C. 谪（zhé）戍　鞭笞（chī）　黔（qián）首　囊（náng）括

D. 隳（huī）名城　户牖（yōu）　棘（jí）矜　赢（yín）粮

2. 下列句子书写全对的一句是（ ）

A. 秦人开关延敌，九国之师，逡巡而不敢进。秦无亡矢遗镞之费，而天下诸侯已困矣。

B. 秦有余力而制其敝，追亡逐北，伏尸百万，流血漂橹；因利乘便，宰割天下，分裂山河。

C. 乃使蒙恬北筑长城而守藩篱，却匈奴七百余里；胡人不敢南下而牧马，士不敢弯弓而抱怨。

D. 蹑足行伍之间，而崛起阡陌之中，率疲弊之卒，将数百之众，转而攻秦。

3. 下列不含通假字的一项是（ ）

A. 蒙故业，因遗策　　B. 天下云集响应，赢粮而景从

C. 合从缔交，相与为一　　D. 而倔起阡陌之中

4. 对下列各句加点字用法归类正确的是（ ）

(1) 天下云集响应　　(2) 外连衡而斗诸侯

(3) 却匈奴七百余里　　(4) 履至尊而制六合

(5) 且夫天下非小弱也　　(6) 序八州而朝同列

(7) 囊括四海　　(8) 陈涉瓮牖绳枢之子

A. (1) (2) (3) / (4) (8) / (5) (6) (7)

B. (1) (7) / (2) (6) (8) / (3) (4) / (5)

C. (1) (7) / (2) (3) (4) (5) / (6) (8)

D. (1) (7) / (2) (3) (6) / (4) (8) / (5)

二、阅读与表达能力训练

阅读下面的文字，完成5—12题。

（一）

且夫天下非小弱也，雍州之地，殽函之固，自若也。陈涉之位，非尊于齐、楚、燕、赵、

韩、魏、宋、卫、中山之君也；锄耰棘矜，非铦于钩戟长铩也；谪戍之众，非抗于九国之师也；深谋远虑，行军用兵之道，非及向时之士也。然而成败异变，功业相反也。试使山东之国与陈涉度长絜大，比权量力，则不可同年而语矣。然秦以区区之地，致万乘之势，序八州而朝同列，百有余年矣；然后以六合为家，殽函为宫；一夫作难而七庙隳，身死人手，为天下笑者，何也？仁义不施而攻守之势异也。

5. 下列短语中，加点字的读音全都正确的一项是（　　）

（1）锄耰棘矜　（2）钩戟长铩　（3）万乘之势　（4）度长絜大　（5）一夫作难

A.（1）yōu qín　（2）jí　（3）chèng　（4）dù　xié　（5）nán

B.（1）yōu qín　（2）jǐ　（3）shèng　（4）duó　xié　（5）nàn

C.（1）yǒu jín　（2）jǐ　（3）chèng　（4）duó　xié　（5）nàn

D.（1）yǒu jín　（2）jí　（3）shèng　（4）duó　qì　（5）nàn

6. 下列句中加点词属古今异义的一项是（　　）

A. 然而成败异变，功业相反也　　B. 且夫天下非小弱也

C. 然秦以区区之地　　D. 试使山东之国与陈涉度长絜大

7. 下列分析不符合文意的一项是（　　）

A. “且夫”一句，写秦朝江山依旧，险关如故。照应课文第一段，说明秦非亡于地理形势的变化。

B. “仁义不施而攻守之势异也”是全文的中心，作者用以劝说秦朝及后代统治者施行仁义以安民。

C. 本段是在前文铺叙基础上的集中议论，大量的史实使作者的论点水到渠成。

D. 对比论证是本段的鲜明特色，陈胜与山东六国进行对比，说明比陈胜强大的山东六国未能战胜秦国的原因以及秦亡于陈胜起义均在于他们不施行仁政。

8. 请概括作者从哪几个方面将陈胜与九国之师做比较。

______

______

______

（二）

嗟乎！一人之心，千万人之心也。秦爱纷奢，人亦念其家。奈何取之尽锱铢，用之如泥沙？使负栋之柱，多于南亩之农夫；架梁之椽，多于机上之工女；钉头磷磷，多于在庾之粟粒；瓦缝参差，多于周身之帛缕；直栏横槛，多于九土之城郭；管弦呕哑，多于市人之言语。使天下之人，不敢言而敢怒。独夫之心，日益骄固。戍卒叫，函谷举，楚人一炬，可怜焦土！

呜呼！①灭六国者六国也，非秦也；②族秦者秦也，非天下也。③嗟夫！使六国各爱其人，则足以拒秦；使秦复爱六国之人，则递三世可至万世而为君，谁得而族灭也？④秦人不暇自哀，而后人哀之；后人哀之而不鉴之，亦使后人而复哀后人也。

（节选自杜牧《阿房宫赋》）

9. 对文中加点词语的理解，正确的一项是（　　）

① 锱铢：极言贵重的东西。　　② 南亩：泛指农田。

③ 九土：即九州，指全国。 ④ 呕哑：难听的音乐。

⑤ 独夫：孤单的人。 ⑥ 戍卒：指陈胜、吴广等起义者。

⑦ 楚人：指刘邦。 ⑧ 焦土：指阿房宫被烧毁。

A. ①④⑤⑦ B. ②③⑥⑧ C. ①③⑤⑧ D. ②④⑥⑦

10. 对上述两个自然段文字的分析，不正确的一项是（ ）

A. 第 1 自然段用比喻句和排比句，极言秦始皇不顾人民死活，残民而自肥，很快失掉了民心。

B. 第 1 自然段还写到了老百姓对于秦的暴政敢怒而不敢言，但最终还是像火山一样爆发出来，使秦迅速灭亡。

C. 对于秦的灭亡和阿房宫的被烧毁，作者用“可怜焦土”一语寄予了一定的同情。

D. 第 2 自然段作者更进一步指出，六国和秦的灭亡，都是由于内部原因造成的，见解极为深刻。

11. 第 2 自然段第③句是________复句，关联词是________和________。第④句是________复句，关联词是________。

12. 作者指出六国和秦统治者灭亡的根本原因是________的问题。

七 鸿 门 宴

一、基础知识应用

1. 下列加点字的注音，全部正确的一项是（ ）

A. 卮（zhī）酒 刀俎（zǔ） 鲰（qǔ）生 瞋（chēn）目

B. 戮（lù）力 杯杓（zhuó） 犒（hào）劳 樊（fàn）哙

C. 侍（shì）坐 美姬（jī） 玉玦（quē） 目眦（zì）

D. 彘（zhì）肩 参乘（shèng） 不（fǒu）者 数（shuò）目

2. 从句式角度分析，与其他三项不同类的一项是（ ）

A. 此天子气也 B. 吾属今为之虏矣

C. 楚左尹项伯者，项羽季父也 D. 沛公之参乘樊哙者也

3. 下列句中加点词的用法分类正确的一项是（ ）

① 沛公军霸上 ② 常以身翼蔽沛公

③ 范增数目项王 ④ 籍吏民，封府库

⑤ 君为我呼入，吾得兄事之 ⑥ 项伯杀人，臣活之

⑦ 先破秦入咸阳者王之

A. ①③④/②⑤/⑥/⑦ B. ①②⑤/③④/⑥⑦

C. ②⑥⑦/③④⑤/① D. ③⑥/⑤⑦/①②④

4. 下列关于课文的说法，正确的一项是（ ）

A. 本文以“鸿门宴”为中心事件，以刘邦“杀不杀项羽”、项羽能否在宴会上安然脱逃为情节发展的关键，依照时间顺序展开故事情节。

B.《鸿门宴》人物性格的刻画是紧扣住情节的发展，在尖锐激烈的矛盾冲突中通过对话、神态、动作、心理等来体现的。

C. 樊哙勇猛果敢、不卑不亢，又粗中有细、有理有节，是本文中写得最生动突出的人物之一。

D. “秋毫无犯”“劳苦功高”“人为刀俎，我为鱼肉”“项庄舞剑，意在沛公”“五十步笑百步”等成语，均出自本文。

二、阅读与表达能力训练

阅读下面的文字，完成 5—12 题。

（一）

沛公旦日从百余骑来见项王，至鸿门，谢曰：“臣与将军戮力而攻秦，将军战河北，臣战河南，然不自意能先入关破秦，得复见将军于此。今者有小人之言，令将军与臣有郤……”项王曰：“此沛公左司马曹无伤言之。不然，籍何以至此？”项王即日因留沛公与饮。项王、项伯东向坐；亚父南向坐，——亚父者，范增也；沛公北向坐；张良西向侍。范增数目项王，举所佩玉玦以示之者三，项王默然不应。范增起，出，召项庄，谓曰：“君王为人不忍。若入前为寿，寿毕，请以剑舞，因击沛公于坐，杀之。不者，若属皆且为所虏！”庄则入为寿。寿毕，曰：“君王与沛公饮，军中无以为乐，请以剑舞。”项王曰：“诺。”项庄拔剑起舞。项伯亦拔剑起舞，常以身翼蔽沛公，庄不得击。

于是张良至军门见樊哙。樊哙曰：“今日之事何如？”良曰：“甚急！今者项庄拔剑舞，其意常在沛公也。”哙曰：“此迫矣！臣请入，与之同命！”哙即带剑拥盾入军门。交戟之卫士欲止不内。樊哙侧其盾以撞，卫士仆地。哙遂入，披帷西向立，瞋目视项王，头发上指，目眦尽裂。项王按剑而跽曰：“客何为者？”张良曰：“沛公之参乘樊哙者也。”项王曰：“壮士！——赐之卮酒。”则与斗卮酒。哙拜谢，起，立而饮之。项王曰：“赐之彘肩！”则与一生彘肩。樊哙覆其盾于地，加彘肩上，拔剑切而啖之。项王曰：“壮士！能复饮乎？”樊哙曰：“臣死且不避，卮酒安足辞！夫秦王有虎狼之心，杀人如不能举，刑人如恐不胜，天下皆叛之。怀王与诸将约曰：‘先破秦入咸阳者王之。’今沛公先破秦入咸阳，毫毛不敢有所近，封闭宫室，还军霸上，以待大王来。故遣将守关者，备他盗出入与非常也。劳苦而功高如此，未有封侯之赏，而听细说，欲诛有功之人。此亡秦之续耳，窃为大王不取也！”项王未有以应，曰：“坐。”樊哙从良坐。坐须臾，沛公起如厕，因招樊哙出。

5. 指出下列各句中的通假字，并写出本字。

（1）令将军与臣有郤　　______通______

（2）交戟之卫士欲止不内　　______通______

6. 宴席的四面座位，以东向最尊，次为南向，再次为北向，西向侍坐。鸿门宴中东向坐的是________________，是最上位；南向坐的是________，是第二位；再次是________，张良则为侍坐。从座位可看出____。

7. 根据上面的第 2 自然段文字填空。

① 樊哙闯帐后的表情是____；

② 他的慷慨陈词中，先提怀王之约的意图是________________________；

③ 直接指责项羽的话是________________________；

④ 收到的效果是________________________。

8. 刘邦亲赴鸿门宴的主要原因是什么？这两段文字表现了刘邦什么样的性格特点？

____

____

____

（二）

高祖置酒洛阳南宫。高祖曰："列侯诸将无敢隐朕，皆言其情。吾所以有天下者何？项氏之所以失天下者何？"高起、王陵对曰："陛下慢而侮人，项羽仁而爱人，然陛下使人攻城略地，所降下者因以予之，与天下同利也。项羽妒贤嫉能，有功者害之，贤者疑之，战胜而不予人功，得地而不予人利，此所以失天下也。"高祖曰："公知其一，未知其二。夫运筹策帷幄之中，决胜于千里之外，吾不如子房。镇国家，抚百姓，给馈饷，不绝粮道，吾不如萧何。连百万之军，战必胜，攻必取，吾不如韩信。此三者，皆人杰也，吾能用之，此吾所以取天下也。项羽有一范增而不能用，此其所以为我擒也。"

（节选自《史记·高祖本纪》）

9. 下面句子中加点词的解释，有误的一项是（　　）

A. 慢而侮人（傲慢）　　B. 此所以失天下也（……的原因）

C. 所降下者因以予之（因为）　　D. 不绝粮道（使断绝）

10. 翻译：有功者害之，贤者疑之。

____

11. 文中有一句话，成了对古今高明军师的共同赞语，这句话是什么？

____

12. 高起、王陵认为刘邦取得天下的原因是什么？刘邦认为自己取得天下的原因是什么？你是怎么看待这个问题的？

____

____

八　寡人之于国也

一、基础知识应用

1. 下列加点字的注音，全对的一组是（　　）

A. 弃甲曳（yè）兵　　饿莩（piǎo）

B. 数（shǔ）罟（gǔ）　　不入洿（wū）池

C. 不可胜（shèng）食　　衣（yì）帛（bó）

D. 然而不王（wáng）者　　谨庠（xiáng）序之教

2. 下列加点词的解释，有误的一项是（　　）

A. 兵刃既接（已经）　　B. 弃甲曳兵而走（拖着）

C. 数罟不入洿池（密）　　D. 涂有饿莩（野菜）

3. 下列各项中，与“申之以孝悌之义”句式不同的一项是（　　）

A. 王如知此，则无望民之多于邻国也

B. 河内凶，则移其民于河东，移其粟于河内

C. 加之以师旅，因之以饥馑

D. 五亩之宅，树之以桑

4. 下列各项中，翻译有误的一项是（　　）

A. 尽心焉耳矣——（总算）尽了心啦

B. 请以战喻——请让我用打仗来做说明

C. 直不百步耳——只是没有（跑）百步罢了

D. 斧斤以时入山林——斧头按时进入山林

二、阅读与表达能力训练

阅读下面的文字，完成 5—12 题。

（一）

梁惠王曰：“寡人之于国也，尽心焉耳矣。河内凶，则移其民于河东，移其粟于河内；河东凶亦然。察邻国之政，无如寡人之用心者。邻国之民不加少，寡人之民不加多，何也？”

孟子对曰：“王好战，请以战喻。填然鼓之，兵刃既接，弃甲曳兵而走，或百步而后止，或五十步而后止。以五十步笑百步，则何如？”

曰：“不可，直不百步耳，是亦走也。”

曰：“王如知此，则无望民之多于邻国也。”

5. 下列各句中，没有词类活用或者通假现象的一句是（　　）

A. 填然鼓之，兵刃既接

B. 王如知此，则无望民之多于邻国也

C. 黎民不饥不寒，然而不王者，未之有也

D. 不可，直不百步耳，是亦走也

6. 与“王好战，请以战喻”中“请”字意义和用法相同的一项是（　　）

A. 公将战，曹刿请见　　B. 臣请为王言乐

C. 寡人窃闻赵王好音，请奏瑟　　D. 请君听我弹一曲

7. 下列译句中，有错误的一项是（　　）

A. 谨庠序之教。

译文：认真地兴办学校教育。

B. 或百步而后止，或五十步而后止。

译文：有的人跑一百步之后停下来，有的人跑五十步之后停下来。

C. 是亦走也。

译文：这同样是逃跑啊。

D. 是何异于刺人而杀之。

译文：这何异于刺伤人之后又置人于死地感到奇怪呢。

8. 下列分析中，不正确的一项是（　　）

A. 本文用梁惠王采用移民移粟措施而民不加多的忧心忡忡开篇，提出问题。

B. 孟子借题发挥阐述了自己的仁政思想。

C. 孟子首先用“五十步笑百步”这个比喻说明梁惠王移民移粟的措施与邻国统治者不顾人民死活没有本质区别，“无望民之多于邻国”；继而孟子具体阐述要“天下之民至焉”，必须养生丧死、尊老重教、赈灾救民，使黎民不受饥寒。

D. 全文围绕使“民加多”的话题，巧妙设喻，先正后反，排比铺张，气势磅礴。

（二）

齐王使使者问赵威后①。书未发，威后问使者曰：“岁②亦无恙耶？民亦无恙耶？”使者不说，曰：“臣奉使［1］使［2］威后，今不问王而先问岁与民，岂先贱而后尊贵者乎？”威后曰：“不然，苟无岁，何以有民？苟无民，何以有君？故有舍本而问末者耶？”

（节选自《战国策·齐策》）

9. 解释文中加点的词。

（1）说：　　（2）使［1］：　　（3）使［2］：　　（4）然：

10. 下列句子与文中“何以有民”句式完全不相同的一项是（　　）

A. 子何恃而往　　B. 卖炭得钱何所营

C. 彼不我恩也　　D. 如之何其使斯民饥而死也

11. 翻译文中画线的句子“故有舍本而问末者耶？”

____

____

12. 文中赵威后的最后一句话连用了3个反问，强调了____________的思想。

九　兰亭集序

一、基础知识应用

1. 下列各字的注音，完全正确的一项是（　　）

A. 诞（dàn）　　癸（kuí）　　殊（shú）　　峻（jùn）

B. 殇（shāng）　　稽（jī）　　骸（hái）　　晤（wù）

C. 悼（dǎo）　　禊（xì）　　骋（chěng）　　契（qì）

① 赵威后：赵惠文王的王后。

② 岁：年成。

D. 嗟（jiē）　　　觞（shāng）　湍（tuān）　　曲（qǔ）水

2. 下列句中加点词语的解释，有误的一项是（　　）

A. 俯察品类之盛（指万物）

B. 齐彭殇为妄作（寿命长的和寿命短的。彭，彭祖，借指长寿的人；殇，指未到成年而死去的人）

C. 会于会稽山阴之兰亭（山的北面）

D. 俯仰之间，已为陈迹（很短的时间）

3. 下列各句中没有通假字的一项是（　　）

A. 趣舍万殊，静躁不同　　B. 后之视今，亦尤今之视昔

C. 因寄所托，放浪形骸之外　　D. 天下云集响应，赢粮而景从

4. 下列的理解，不符合原文意思的一项是（　　）

A. 本文是一篇记游抒怀之作，描写兰亭景物抓住了特征，用粗线条勾勒，格调淡雅。

B. 本文是一篇宴游诗序，记叙了兰亭盛会的活动过程，抒发了作者对人生无常的感慨，激励与会者珍惜时光，及时行乐。

C. 本文先写盛会的时间、地点、缘由、与会人物、周围环境和流觞情景；再写人生感慨，点出作序原因。

D. 本文叙事写景先突出“乐”字；述说世事流逝的感慨，转出一个“痛”字；联系古今时引出了一个“悲”字。这三个字把上下文承接了起来。

二、阅读与表达能力训练

阅读下面的文字，完成5—12题。

（一）

夫人之相与，俯仰一世。或取诸怀抱，晤言一室之内；或因寄所托，放浪形骸之外。虽趣舍万殊，静躁不同，当其欣于所遇，暂得于己，快然自足，曾不知老之将至；及其所之既倦，情随事迁，感慨系之矣。向之所欣，俯仰之间，已为陈迹，犹不能不以之兴怀；况修短随化，终期于尽。古人云：“死生亦大矣。”岂不痛哉！

每览昔人兴感之由，若合一契，未尝不临文嗟悼，不能喻之于怀。固知一死生为虚诞，齐彭殇为妄作。后之视今，亦犹今之视昔，悲夫！故列叙时人，录其所述。虽世殊事异，所以兴怀，其致一也。后之览者，亦将有感于斯文。

5. 对下列句式的判断，正确的一项是（　　）

① 岂不痛哉　② 死生亦大矣　③ 当其欣于所遇　④ 则与斗卮酒

A. ①感叹句　②感叹句　③宾语前置句　④陈述句

B. ①反问句　②判断句　③介宾结构后置　④省略句

C. ①反问句　②判断句　③陈述句　④宾语前置句

D. ①感叹句　②反问句　③介宾结构后置　④省略句

6. 对“后之览者，亦将有感于斯文”的含义，理解最确切的一项是（　　）

A. 后来者读这次集会的诗文，也会产生感慨。

B. 后来的人读我的文章，也会由此而产生很多感想。

C. 后世的读者读这次集会的诗文，也会与我有同感。

D. 后世的读者读我的文章，也会被我的文章所感动。

7. “虽趣舍万殊，静躁不同”中的“静”“躁”指的是（　　）

A. 静，指茂林修竹；躁，指清流激湍。

B. 静，指“晤言一室之内”者；躁，指“放浪形骸之外”者。

C. 静，指崇山峻岭、清流激湍；躁，指丝竹管弦、一觞一咏。

D. 静，指俯；躁，指仰。

8. 这篇文章的中心意思是（　　）

A. 借过修禊日，宴席即席赋诗的机会，抒发对美好景物的眷恋之情。

B. 借过修禊日，宴席即席赋诗的机会，畅叙群贤之间的友情。

C. 借过修禊日，宴席即席赋诗的机会，感慨于仕途黯淡，世态炎凉。

D. 借过修禊日，宴席即席赋诗的机会，发表对人死生一事的看法。

（二）

夫君子之行，静以修身，俭以养德，非淡泊无以明志，非宁静无以致远。夫学须静也，才须学也，非学无以广才，非志无以成学。淫慢则不能励精，险躁则不能冶性。年与时驰，意与日去，遂成枯落，多不接世，悲守穷庐，将复何及！

（节选自诸葛亮《诫子书》）

9. 用现代汉语翻译下面的句子。

① 静以修身＿＿＿＿＿＿＿＿＿＿＿＿

② 俭以养德＿＿＿＿＿＿＿＿＿＿＿＿

③ 非淡泊无以明志＿＿＿＿＿＿＿＿＿＿

④ 非宁静无以致远＿＿＿＿＿＿＿＿＿＿

10. 本文作者就哪几个方面进行了论述？从这几个方面又是怎样展开论述的？

11. 作者写这封信的用意是什么？

12. 文中有两句话常被人们用作“志当存高远”的座右铭，请写出这两句话。

（一）

阅读提示

项羽在四面楚歌的情况下，自刎而死，江山被刘邦夺取，不能说是一位成功者。而我国著名的史学家司马迁将项羽的传记，放在前为秦始皇、后为汉高祖的帝王本纪中记叙；著名的女词人李清照，对这位“力拔山兮气盖世”的好汉，做出了最高的赞誉：“生当作人杰，死亦为鬼雄。至今思项羽，不肯过江东。”阅读下文，结合前面所学内容，想一想项羽失败的原因是什么？你怎样评价这位历史人物？

项王军壁垓下，兵少食尽，汉军及诸侯兵围之数重。夜闻汉军四面皆楚歌，项王乃大惊曰：“汉皆已得楚乎？是何楚人之多也①！”项王则夜起，饮帐中。有美人名虞，常幸从；骏马名骓②，常骑之。于是项王乃悲歌慷慨，自为诗曰：“力拔山兮气盖世，时不利兮骓不逝。骓不逝兮可奈何，虞兮虞兮奈若何！”歌数阕，美人和之。项王泣数行下，左右皆泣，莫能仰视。

于是项王乃上马骑，麾下壮士骑从者八百余人，直夜溃围南出③，驰走。平明，汉军乃觉之，令骑将灌婴以五千骑追之。项王渡淮，骑能属者百余人耳。项王至阴陵，迷失道，问一田父，田父绐曰“左”。左，乃陷大泽中。以故汉追及之。项王乃复引兵而东，至东城，乃有二十八骑。汉骑追者数千人。项王自度不得脱。谓其骑曰：“吾起兵至今八岁矣，身七十余战，所当者破，所击者服，未尝败北，遂霸有天下。然今卒困于此④，此天之亡我，非战之罪也。今日固决死，愿为诸君决战，必三胜之，为诸君溃围，斩将，刈⑤旗，令诸君知天亡我，非战之罪也。”乃分其骑以为四队，四向。汉军围之数重。项王谓其骑曰：“吾为公取彼一将。”令四面骑驰下，期山东为三处。于是项王大呼驰下，汉军皆披靡⑥，遂斩汉一将。是时，赤泉侯为骑将，追项王，项王瞋目而叱之，赤泉侯人马俱惊，辟易数里。与其骑会为三处。汉军不知项王所在，乃分军为三，复围之。项王乃驰，复斩汉一都尉，杀数十百人，复聚其骑，亡其两骑耳。乃谓其骑曰：“何如？”骑皆伏曰：“如大王言。”

于是项王乃欲东渡乌江。乌江亭长舣船待，谓项王曰：“江东虽小，地方千里，众数十万人，亦足王也。愿大王急渡。今独臣有船，汉军至，无以渡。”项王笑曰：“天之亡我，我何渡为⑦！且籍与江东子弟八千人渡江而西，今无一人还，纵江东父兄怜而王我，我何面目见之？纵彼不言，籍独不愧于心乎？”乃谓亭长曰：“吾知公长者。吾骑此马五岁，所当无敌，尝一日行千里，不忍杀之，以赐公。”乃令骑皆下马步行，持短兵接战。独籍所杀汉军数百

---

① 何楚人之多：怎么楚人这么多。

② 骓（zhuī）：毛色苍白相杂的马。

③ 直：同“值”，当，趁。

④ 卒：终于。

⑤ 刈（yì）：割、砍。

⑥ 披靡：原指草木随风倒伏，这里比喻军队溃败。

⑦ 何渡为：还渡江干什么。

人。项王身亦被十余创。顾见汉骑司马吕马童，曰："若非吾故人乎？"马童面之①，指王翳曰："此项王也。"项王乃曰："吾闻汉购我头千金？邑万户，吾为若德②。"乃自刎而死。王翳取其头，余骑相蹂践争项王，相杀者数十人。最其后，郎中骑杨喜，骑司马吕马童，郎中吕胜、杨武各得其一体。五人共会其体，皆是。故分其地为五：封吕马童为中水侯，封王翳为杜衍侯，封杨喜为赤泉侯，封杨武为吴防侯，封吕胜为涅阳侯。

项王已死，楚地皆降汉，独鲁不下。汉乃引天下兵欲屠之，为其守礼义，为主死节，乃持项王头示鲁，鲁父兄乃降。始，楚怀王初封项籍为鲁公，及其死，鲁最后下，故以鲁公礼葬项王穀城。汉王为发哀，泣之而去。

诸项氏枝属③，汉王皆不诛。乃封项伯为射阳侯。桃侯、平皋侯、玄武侯皆项氏，赐姓刘氏。

太史公曰："吾闻之周生曰'舜目盖重瞳子'④，又闻项羽亦重瞳子。羽岂其苗裔⑤邪？何兴之暴也！夫秦失其政，陈涉首难，豪杰蜂起，相与并争，不可胜数，然羽非有尺寸，乘势起陇亩之中，三年，遂将五诸侯灭秦，分裂天下，而封王侯，政由羽出，号为'霸王'，位虽不终，近古以来未尝有也。及羽背关怀楚，放逐义帝而自立，怨王侯叛己，难矣。自矜功伐⑥，奋其私智而不师古，谓霸王之业，欲以力征经营天下，五年卒亡其国，身死东城，尚不觉寤而不自责⑦，过矣。乃引'天亡我，非用兵之罪也'，岂不谬哉！"

（节选自《史记·项羽本纪》）

想一想

从鸿门宴时的意气风发、不可一世到乌江边的穷途末路、英雄气短，项羽的形象发生了怎样的变化？作者的笔调又发生了怎样的变化？

（二）

（1）贾生名谊，洛阳人也。年十八，以能诵诗属书闻于郡中。吴廷尉为河南守，闻其秀才。召置门下，甚幸爱。孝文皇帝初立，闻河南守吴公治平为天下第一，故与李斯同邑，而常学事焉，乃征为廷尉，廷尉乃言贾生年少颇通诸子百家之书。文帝召以为博士。是时贾生年二十余，最为少，每诏令议下，诸老先生不能言，贾生尽为之对，人人各如其意所欲出。诸生于是乃以为能不及也。孝文帝说之，超迁，一岁中至大中大夫。

贾生以为汉兴至孝文二十余年，天下和洽，而固当改正朔，易服色，法制度，定官名，兴礼乐，乃悉草具其事仪法，色尚黄，数用五，为官名，悉更秦之法。孝文帝初即位，谦让未遑也。诸律令所更定，及列侯悉就国，其说皆自贾生发之。于是天子议以为贾生任公卿之位。绛、灌、东阳侯、冯敬之属尽害之⑧，乃短贾生曰："洛阳之人，年少初学，专欲擅权，纷乱

---

① 面之：跟项王面对面。

② 为若德：意思是送给你点儿好处。德，恩德。

③ 枝属：宗族。

④ 周生：《史记正义》引孔文祥说以为是汉代儒者，姓周。盖：大概。重瞳子：两个瞳仁。

⑤ 苗裔：后代。

⑥ 矜：夸。功伐：功劳，"伐"与"功"同义。

⑦ 寤：同"悟"。

⑧ 绛：绛侯周勃，右丞相。灌：灌婴，颍侯，太尉。东阳侯：张相如。冯敬：御史大夫。

诸事。”于是天子后亦疏之，不用其议，乃以贾生为长沙王太傅。贾生既辞往行，闻长沙卑湿，自以寿不得长，又以谪去，意不自得。及渡湘水，为赋以吊屈原。

……

贾生为长沙王太傅三年，有鸮飞入贾生舍①，上于坐隅。楚人命鸮曰“服”。贾生既以谪居长沙，长沙卑湿，自以为寿不得长，伤悼之，乃为赋以自广。

……

后岁余，贾生征见。孝文帝方受釐②，坐宣室。上因感鬼神事，而问鬼神之本。贾生因具道所以然之状。至夜半，文帝前席。既罢，曰：“吾久不见贾生，自以为过之，今不及也。”居顷之，拜贾生为梁怀王太傅。……居数年，怀王骑，堕马而死，无后。贾生自伤为傅无状，哭泣岁余，亦死。贾生之死时年三十三矣。……

（节选自《史记·屈原贾生列传》）

（2）呜呼！贾生志大而量小，才有余而识不足也。古之人有高世之才，必有遗俗之累；是故非聪明睿哲不惑之主，则不能全其用。古今称苻坚得王猛于草茅之中，一朝尽斥去其旧臣而与之谋。彼其匹夫，略有天下之半，以此哉？愚深悲生之志，故备论之。亦使人君得如贾谊之臣，则知其有狷介之操，一不见用，则忧伤病沮，不能复振；而为贾生者，亦慎其所发哉。

（节选自苏轼《贾谊论》）

1. 解释下列加点的字词。

谦让未遑（　　　　）　　乃为赋以自广（　　　　）

自以为过（　　　　）之　　问鬼神之本（　　　　）

2. 下列各句中，有词类活用现象的一句是（　　）

A. 短贾生　　B. 悉更秦之法

C. 以为贾生任公卿之位　　D. 不用其议

3. “闻河南守吴公治平为天下第一”中“闻”所领的文字是（　　）

A. 河南守吴公治平为天下第一

B. 河南守吴公治平为天下第一，故与李斯同邑

C. 河南守吴公治平为天下第一，故与李斯同邑，而常学事焉

D. 河南守吴公治平为天下第一，故与李斯同邑，而常学事焉，乃征为廷尉

4. “为贾生者，亦慎其所发哉”的意思是（　　）

A. 为贾生着想的人，在行为方面也应该谨慎啊。

B. 像贾生这样的人，在立身行事方面也应该谨慎啊。

C. 像贾生这样的人，对（周围）所发生的事要谨慎啊。

D. 为贾生着想的人，对（贾生周围）发生的事要谨慎啊。

5. 作者引用苻坚得王猛这个事例的目的是（　　）

A. 赞扬王猛明智，善于发现苻坚这样的人才。

B. 赞扬苻坚聪明，善于发现王猛这样的人才。

---

① 鸮：猫头鹰。

② 釐（xī）：胙肉，祭鬼神后的福食。

C. 说明只有尽斥旧臣，才能充分发挥人才的作用。

D. 说明只有聪明通达、头脑清醒的君主，才能充分发挥贤才的作用。

6. 读李商隐《贾生》诗，选择正确的一项是（　　）

宣室求贤访逐臣，
贾生才调更无伦。
可怜夜半虚前席，
不问苍生问鬼神。

A. 本诗主旨与文（1）相似，赞扬贾生因才能而受到重用。

B. 本诗主旨与文（2）相似，既赞贾生之才能，又指出其不足。

C. 本诗主旨与两文都不相同，讽刺贾生只会谈鬼神之事。

D. 本诗主旨与两文都不相同，讽刺封建统治者不能真正重视人才。

7. 下列各组句子中，加点字的意义和用法相同的一组是（　）

A. 以能诵诗属书闻于郡中　　举酒属客，诵明月之诗

B. 孝文帝说之　　是说也，人常疑之

C. 贾生尽为之对　　吾社之行为士先者，为之声义

D. 上因感鬼神事　　然后践华为城，因河为池

8. 以下6句话，分别编为4组，全都表现贾谊才华出众的一组是（　）

① 以能诵诗属书闻于郡中　　② 颇通诸子百家之书

③ 诸老先生不能言，贾生尽为之对　　④ 其说皆自贾生发之

⑤ 乃以贾生为长沙王太傅　　⑥ 为赋以吊屈原

A. ①②③④　　B. ①③⑤⑥　　C. ①②⑤⑥　　D. ①③④⑤

9. 下列对原文有关内容的分析和概括，不正确的一项是（　）

A. 贾谊十几岁时就因能诗善文闻名当地。为官之初，曾得到同僚们的肯定，也深得皇上的赏识，一度被破格提拔。

B. 贾谊受到皇上的重用，奉命制定出许多新的法令制度，但遭到朝中绛、灌等人的忌妒，诽谤他年轻学浅，总想着擅权弄事。

C. 贾谊被从长沙召回，当时皇上正在虔诚地接受神的降福保佑，就向贾谊询问鬼神的本原，贾谊便详细地说明鬼神形成的情状。

D. 贾谊多次上奏疏给皇上，陈述有的诸侯封地太多，甚至多达几郡之地，不符合古代的制度，应该逐渐削弱他们的实力。

10. 为什么苏轼评论“贾生志大而量小，才有余而识不足也”？结合选文内容，写一篇人物述评。要求：① 观点鲜明，论述正确；② 评述结合；③ 不少于400字。

第三单元

十一 祝 福

一、基础知识应用

1. 下列加点的多音字，读音一致的一项是（ ）

A. 中肯 中意 中伤 中看　　B. 简称 称职 自称 称道

C. 巷道 小巷 巷战 深巷　　D. 着陆 着落 着手 附着

2. 下列词语中，没有错别字的一组是（ ）

A. 寻死觅活 宽宏大量 磨拳擦掌

B. 百无聊赖 瘦削不堪 芒刺在背

C. 咀嚼赏鉴 来龙去脉 阴谋鬼计

D. 相形见拙 原形毕露 毫不介意

3. 依次填入下句横线处的词语，最恰当的一组是（ ）

______四婶，______后来雇用的女工，大抵______懒______馋，______馋而且懒，左右不如意，______也还提起祥林嫂。

A. 只有 因为 或 或 而且 所以

B. 唯独 由于 非 即 或者 所以

C. 只有 因为 非 即 或者 所以

D. 只有 因为 或 或 甚至 所以

4. 下列句中的“究竟”与“旧历的年底毕竟最像年底”里的“毕竟”意义相同的一句是（ ）

A. 对于这件事，大家都想知道个究竟。

B. 她究竟经验丰富，说的话很有道理。

C. 一个人死了之后究竟有没有魂灵的？

D. 这究竟是怎么一回事？

二、阅读与表达能力训练

阅读下面的文字，完成5—12题。

（一）

看见的人报告说，河里面上午就泊了一只白篷船，篷是全盖起来的，不知道什么人在里面，但事前也没有人去理会他。待到祥林嫂出来淘米，刚刚要跪下去，那船里便突然跳出两个男人来，像是山里人，一个抱住她，一个帮着，拖进船去了。祥林嫂还哭喊了几声，此后便再没有什么声息，（①）给用什么堵住了罢。接着就走上两个女人来，一个不认识，一个就是卫婆子。窥探舱里，不很分明，她（②）是捆了躺在船板上。

"可恶！然而……"四叔说。

这一天是四婶自己煮午饭；他们的儿子阿牛烧火。

午饭之后，卫老婆子又来了。

"可恶！"四叔说。

"你是什么意思？亏你还会再来见我们。"四婶洗着碗，一见面就愤愤的说，"你自己荐她来，又合伙劫她去，闹得沸反盈天的，大家看了成个什么样子？你拿我们家里开玩笑么？"

5. 选段中①、②处应填入的词语是（①______ ②______）

① A. 仿佛　B. 好像　C. 大致　D. 大约

② A. 真　B. 像　C. 确　D. 怕

6. 对鲁四老爷的话"可恶！然而……"理解正确的一项是（　　）

A. 指卫老婆子光天化日之下结伙劫走祥林嫂可恶，然而祥林嫂也不该从家里逃出。

B. 指祥林嫂被劫走损害了鲁四老爷家的体面还给他家生活添了麻烦，实在可恶，然而婆婆劫回逃走的媳妇也合理。

C. 指卫老婆子一伙人劫走祥林嫂太不人道，还给鲁四老爷家添了麻烦，然而祥林嫂也不该从家里跑出来。

D. 指祥林嫂光天化日之下被劫走竟无人敢阻拦实在可恶，然而婆婆劫回逃走的媳妇也合理。

7. 对鲁四老爷的话"可恶"理解正确的一项是（　　）

A. 指卫老婆子不该自己荐她来，又合伙劫她去，大家看了不成样子。

B. 指卫老婆子合伙劫走了祥林嫂，给鲁四老爷家添了麻烦，还再上门来做什么？

C. 指鲁四老爷对祥林嫂被劫走内心愤愤不平，卫老婆子一伙实在可恶。

D. 指卫老婆子合伙劫走了祥林嫂，还好意思再来鲁四老爷家，是什么意思？

（二）

冬季日短，又是雪天，夜色早已笼罩了全市镇。人们都在灯下匆忙，但窗外很寂静。雪花落在积得厚厚的雪褥上面，听去似乎瑟瑟有声，使人更加感得沉寂。我独坐在发出黄光的菜油灯下，想，这百无聊赖的祥林嫂，被人们弃在尘芥堆中的，看得厌倦了的陈旧的玩物，先前还将形骸露在尘芥里，从活得有趣的人们看来，恐怕要怪讶她何以还要存在，现在总算被无常打扫得干干净净了。魂灵的有无，我不知道；然而在现世，则无聊生者不生，即使厌见者不见，为人为己，也还都不错。我静听着窗外似乎瑟瑟作响的雪花声，一面想，反而渐渐的舒畅起来。

8. 下列词语分别指代哪类人？

① 玩物：______________________________

② 活得有趣的人：______________________________

③ 无聊生者：______________________________

④ 厌见者：________________________________

9. 这段文字中环境描写的作用是________________________________

（三）

已经是晚上9点钟了，我才到达剧场门前。剧场里的芭蕾舞剧《天鹅湖》肯定已经跳完了如梦如幻的第二幕，而且华丽诡异的第三幕说不定也所剩不多。我是个狂热的芭蕾舞迷，因此尽管因为业务上的急事耽搁到八点四十分才得脱身，还是风风火火地钻进出租车赶到剧场。

我出了汽车才感觉到下着小雨。从我下车的地方到通向剧场大门的宽大阶梯还有一小段距离，为了避免淋雨，我从售票处以及相连的平房那儿绕向阶梯，因为那里有挡雨的棚檐。我一边小跑，一边朝剧院大门望去，我觉得那一连串的门扇仿佛都已关闭，根本没有检票的人影了，我是否还能入场呢？惶急中，我忽然撞到一个人的肩膀上，要不是他及时闪避，我们俩说不定都得倒地。

我立足定神一看，是个小伙子，戴着一副眼镜。他的眼珠子在镜片后也细细打量着我。

"您有票吗？"

我吃了一惊。竟还有比我更痴迷芭蕾舞的。这剧场前的小广场上，在路灯光下，霏霏细雨中活像巨型甲虫的小汽车，默默地斜趴成一大排，除了我们俩再没别的人影。里面舞台上剧已过半，他还在这里等退票！

"我自己要看！"我一边回答他，一边掏我的票。咦，怎么没有？

"不，"那小伙子蔼然地对我说，"我不要您的票，您快进去看吧！"

我从衣兜里掏出一堆名片，从中抽出了那张宝贵的剧票，顺口问："你不看，待在这儿干什么？"

"等散场。等她出来。"

我立刻明白，是一对恋人同来等退票，只等到一张，因此小伙子让姑娘先进去了。我倏地忆及自己的青春，一些当年的荒唐与甜蜜场景碎片般闪动在我心间，我不由得表态："啊，你比我更需要……你进去吧！"

我把票递给他，他接过去，仔细地看了一下排数座号，退给了我。我那张票是头等席，180元一张，他是等我主动打折么？我忙表态："不用给钱，快进去吧！"……他却仍然把我持票的手推开了。

我觉得这个小伙子很古怪。……

小伙子很难为情，解释说："我答应在外面等她……她也许会随时提前出来……我还是要在这儿一直等着散场……"说着便扭头朝剧场大门张望，生怕在我们交谈的一瞬间，那姑娘会从门内飘出，而他没能及时迎上去。

我抛开那小伙子，跑向剧场大门。小雨如酥，我险些滑跌在门前的台阶上。从每扇门的大玻璃都可以看到前廊里亮着的灯光，可是我推了好几扇门都推不开。后来我发现最边上的一扇是虚掩的，忙推开闪进。前廊里有位女士，我走过去把票递给她，她吃了一惊，迷惘地看看我，摇头，紧跟着前廊与休息厅的收票口那儿走来一位穿制服的人。显然，那才是收票员。他先问那位女士："您不看了吗？"又问我："您是……怎么回事儿？"我发现先遇上的那位女士，不，应该说是一位妙龄女郎，站在前廊门边，隔着玻璃朝外看，我也扭身朝外望去，只见那个小伙子仍在原地，双臂抱在胸前，痴痴地朝剧场大门这边守候着……

从演出区泻出《天鹅湖》最后一景的乐曲，王子与白天鹅的爱情即将冲破恶魔的阻挠而终于圆满。妙龄女郎望着雨丝掩映的那个身影，忽然咬紧嘴唇，眼里闪出异样的光……我站在那儿，摩挲着鬓边白发，沉浸在永恒的旋律里……

10. 从“迷惘”到“眼里闪出异样的光”，揭示出妙龄女郎内心怎样的思想变化？

______

______

______

11. 小说结尾中的“永恒的旋律”指的是什么？文中描写《天鹅湖》最后一景的乐曲，作用是什么？

______

______

______

12. 下面对小说的解读，不正确的两项是（　　）

A. 文中多次描写到“霏霏细雨”“小雨如酥”“雨丝掩映”等雨的场景，目的是烘托全文，渲染意境。

B. 通过对妙龄女郎的细节描写，可以揣摩她对于爱情是有一番思想斗争的。

C. 结尾说“我”沉浸在永恒的旋律里，是说“我”沉浸于优美的《天鹅湖》舞曲里，除此没有太多的深意。

D. 小说语言细腻，思想表达含蓄，是一篇优秀的微型小说。

E.《天鹅湖》舞曲最后表达王子与白天鹅的爱情将冲破恶魔阻挠而终于圆满，暗示人间所有的爱情都有曲折，但终会走向圆满。

十二　春之声

一、基础知识应用

1. 下列各项中，加点字的注音全部正确的一项是（　　）

A. 寒碜（cāng）　铁砧（zhēn）　揿（qìn）动

B. 涟漪（yī）　晕眩（xuàn）　凛（lǐn）冽

C. 袅袅（niǎo）　喧嚣（xiāo）　饶（láo）舌

D. 荸（bī）荠　和煦（xù）　诞（dàn）生

2. 下列各项中，词语书写有错误的一项是（　　）

A. 咀嚼　灵敏　梦寐以求　狰狞丑恶

B. 嬉戏　恍然　熙熙嚷嚷　坚韧不拔

C. 富饶　瓦瓴　指挥若定　热气腾腾

D. 阴森　陶醉　摇来摆去　依依不舍

3. 依次填入下列各句横线处的词语，最恰当的一组是（　　）

① 挎上小篮，跟着大姐姐，去______灰灰菜。

② 二月的风就带来了______的希望，带来了早春的消息。

③ 对面车壁上的移动着的方形光斑______了速度，______了亮度。

A. 采摘　和暖　减低　加强　　B. 采摘　和煦　减低　加大

C. 采撷　和煦　减慢　加强　　D. 采撷　和暖　减慢　加大

4. 把下面的4个句子重新排列，顺序最恰当的一项是（　　）

① 他转过头，想再多看一眼那一节装有小鸟、五月、烟草花和约翰·施特劳斯的神妙的春之声的临时代用的闷罐子车。

② 他好像还从来还没有听过这么动人的歌。

③ 他觉得如今每个角落的生活都在出现转机，都是有趣的、有希望的和永远不应该忘怀的。

④ 春天的旋律，生活的密码，这是非常珍贵的。

A. ①②③④　　B. ②③④①　　C. ②④③①　　D. ②④①③

二、阅读与表达能力训练

阅读下面的文字，完成5—12题。

（一）

方方的月亮在移动，消失，又重新诞生。唯一的小方窗里透进了光束，是落日的余晖还是站台的灯？为什么连另外三个方窗也遮严了呢？黑咕隆咚，好像紧接着下午便是深夜。门咣地一关，就和外界隔开了。那愈来愈响的声音是下起了冰雹吗？是铁锤砸在铁砧上？在黄土高原的乡下，到处还靠人打铁，我们祖国的胳膊有多么发达的肌肉！呵，当然，那只是车轮撞击铁轨的噪音，来自这一节铁轨与那一节铁轨之间的缝隙。目前不是正在流行一支轻柔的歌曲吗，叫作什么来着——《泉水叮咚响》。如果火车也叮咚叮咚地响起来呢？广州人可真会生活，不像这西北高原上，人的脸上和房屋的窗玻璃上到处都蒙着一层厚厚的黄土。广州人的凉棚下面，垂挂着许许多多三角形的瓷板，它们伴随着清风，发出叮叮咚咚的清音，愉悦着心灵。美国的抽象派音乐却叫人发狂。真不知道基辛格听我们的杨子荣咏叹调时有什么样的感受。京剧锣鼓里有噪音，所有的噪音都是令人不快的吗？反正火车开动以后的铁轮声给人以鼓舞和希望。下一站，或者下一站的下一站，或者许多许多的下一站以后的下一站，你所寻找的生活就在那里，母亲或者孩子，友人或者妻子，温热的澡盆或者丰盛的饮食正在那里等待着你。都是回家过年的，过春节，我们的古老的民族的最美好的节日，谢天谢地，现在全国人民都可以快快乐乐地过年了。再不会用革命化的名义取消春节了。

…………

他已经有20多年没有回过家乡了。谁让他错投了胎？地主，地主！1956年他回过一次家，一次就够用了——回家待了4天，却检讨了22年！而伟人的一句话，也够人们学习贯彻100年。使他惶惑的是，难道人生一世就是为了做检讨？难道他生在中华，就是为了做一辈子的检讨的么？好在这一切都过去了。斯图加特的奔驰汽车工厂的装配线在不停地转动，车间洁净敞亮，没有多少噪音。西门子公司规模巨大，具有130年的历史，而我们才刚刚起步。赶上，赶上！不管有多么艰难。哞，哞，哞，快点开，快点开，快开，快开，快，快，快，车轮的声音从低沉的三拍一小节变成两拍一小节，最后变成高亢的呼号了。闷罐子车也罢，正在快开。何况天上还有三叉戟？

5. 月亮本来是圆的，作者为什么反复描述为“方方的月亮”？

6. 以第1自然段“声音的联想”为例，简要说说作者意识流动的线索及其根据。

7. 第1自然段中暗含哪几组对比？其用意如何？

8. 根据加点的词语，分析上面第2自然段中这句话所体现的思想情感。

1956年他回过一次家，一次就够用了——回家待了4天，却检讨了22年！

（二）

两个鸡蛋

下午柱子就要返校了，父亲却歪在床上睡着了。

母亲要叫醒他，被柱子拦住了。

“让他多睡一会儿吧，爹太累。”

母亲便不再说什么，

收拾好柱子的东西，母亲照例出去借钱。

看着母亲的背影远了，柱子打开包袱，拿出两个鸡蛋，进了里屋，来到父亲的床前。

经过岁月无情的冲刷，父亲的头发早已花白；杂乱无章的皱纹，横七竖八地卧在他脸上，像黄土高原上沧桑的沟壑；一双眼睛仿佛承担了太重的压力，已深深地陷了下去；额头上汗珠点点，青筋隐约可见……

父亲老了，是他在顽强地支撑着这个家呀。柱子鼻子一酸，两颗泪珠滚下脸庞。

轻轻地把鸡蛋放在父亲床头，又看看他没什么动静，柱子悄悄出去，坐在矮凳上等母亲。

院子里似乎发出一阵响声，柱子以为母亲回来了，连忙跑了出去。没有人，只有几只麻雀在觅食。柱子就驻足四望。

不远处贫瘠的土地上是绿色的庄稼，在太阳的照耀下泛出青黄的光。四周黛青色的大山连绵不断，像一条锈得发黑的铁链，把这里的人世世代代牢牢地锁住。

柱子突然想起父亲的话：儿子，将来你要走出大山。

是的，我一定要走出大山。柱子在心里默默地说。

太阳太毒，皮肤被晒得火辣辣的痛，柱子只好回到闷热的小屋。

看到桌子上打满补丁的包袱，柱子突然意识到应该检查一下，以免带回来的书落到家里。

打开包袱，几件旧衬衣，一罐咸菜，5本书，没错。咦？

手触到两个圆圆的东西，掏出来，是两个鸡蛋。

柱子纳闷了：家里只有两个鸡蛋，全给煮了，怎么又冒出两个？怎么回事？

走进里屋，父亲依然打着微鼾，而床头的鸡蛋不见了。

我记得好像已经拿出来了呀？难道……难道我记错了？

柱子对自己的记忆力产生了怀疑。在校期间高强度的学习和严重的营养不良，早已使他患上了神经衰弱症，这点他是知道的。

于是，他又把那两个鸡蛋放在父亲床头，然后立在那儿想，还是有点不大明白。

脚步声由远而近，柱子连忙跑出去，果然是母亲，满头是汗。

又数了一下，母亲把那几张皱巴巴的票子递给柱子。

“好好读，别惹事。”

“嗯。”柱子擦去了泛滥而下的泪水，回屋拿包袱。

20多里的山路，柱子走惯了。天没黑透，就到学校了。

打开包袱拿书，柱子触电一般呆住了，里面赫然躺着两个鸡蛋！

当天晚上，柱子跑到校外痛痛快快地大哭了一场。天亮的时候，他又异常平静地翻开了书本。

（选自《小小说选刊》2002年第3期）

9. 文中有一个段落对父亲进行了详细的肖像描写，请问这样写的作用是什么？

____

____

____

10. 文中有一个段落是关于柱子家乡的环境描写，请问这段描写的作用是什么？

____

____

____

11. 文中有三次写到柱子流泪，请分别说出柱子流泪的原因。

第一次：______________________________

第二次：______________________________

第三次：______________________________

12. 柱子为什么在“天亮的时候”“又异常平静地翻开了书本”？

____

____

____

十三　一个人的遭遇（节选）

一、基础知识应用

1. 下列加点字的注音，全都正确的一项是（　　）

A. 刹（chà）那　　送丧（sàng）　　浸（jìn）透

B. 勋（xún）章　　忧郁（yù）　　活塞（sāi）

C. 诅（zǔ）咒　　泥泞（nìng）　　嗜（shì）好

D. 颤（chàn）动　　绚（xùn）丽　　蹒（pán）跚

2. 依次填入下列句子画线处的词语，最恰当的一组是（　　）

① 冬天里我们一直不停地进行反攻，彼此就没______常常写信。

② 也许正因为如此，所以我的心痛得那么______吧。

③ 这些，老兄，倒没什么，我跟他______怎样总可以过下去的；______我的心震荡得厉害，得换一个活塞了。

A. 功夫　　厉害　　尽管/但是　　B. 功夫　　利害　　不论/只是

C. 工夫　　利害　　尽管/但是　　D. 工夫　　厉害　　不论/只是

3. 下列各句中，标点符号使用错误的一项是（　　）

A. 我向他俯下身去，悄悄地问："凡尼亚，你知道我是谁吗?"，他几乎无声地问："谁?"

B. 我的眼睛里蒙上了雾。我也全身打战，两手发抖……我当时居然没有放掉方向盘，真是奇怪极了！

C. 我哪儿还顾得到什么谷仓呢？根本把它忘掉了。

D. 他来信说，我可以先去当半年木工，以后可以在他们省里领到新的执照。

4. 下列语句排序，最恰当的一项是（　　）

① 我的心里快乐极了　② 看到他睡在我的胳肢窝下　③ 我一醒来　④ 简直无法用言语来形容　⑤ 好像一只麻雀栖在屋檐下

A. ③①②⑤④　　B. ③②⑤①④　　C. ①④③②⑤　　D. ③②①⑤④

二、阅读与表达能力训练

阅读下面的文字，完成5—12题。

（一）

夜里醒来，我常常做着老头儿的梦想：等到战争一结束，我就给儿子娶个媳妇，自己就住在小夫妻那儿，干干木匠活儿，抱抱孙子。一句话，尽是些老头儿的玩意。可是，就连我这些梦想也完全落空啦。冬天里我们一直不停地进行反攻，彼此就没工夫常常写信。等到战事快要结束，一天早晨，在柏林附近我寄了一封短信给阿拿多里，第二天就收到回信。这时候我才知道，我跟儿子打两条不同的路来到了德国首都附近，而且两人间的距离很近。我焦急地等待着，巴不得立刻能跟他见面。嘿，见是见到了……五月九日早晨，就是胜利的那一天，我的阿拿多里给一个德国狙击兵打死了……

那天下午，连指挥员把我叫了去。我抬头一看，他的旁边坐着一个我不认识的炮兵中校。我走进房间，他也站了起来，好像看见一个军衔比他高的人。我的连指挥员说："索科洛夫，找你。"说完，他自己却向窗口转过身去。一道电流刺透我的身体，我忽然产生一种不祥的预感。中校走到我的跟前，低低地说："坚强些吧，父亲！你的儿子，索科洛夫大尉，今天在炮位上牺牲了。跟我一起去吧！"

我摇摇晃晃，勉强站住脚跟。现在想起来，连那些都像做梦一样：跟中校一起坐上大汽车，穿过堆满瓦砾的街道；还模模糊糊地记得兵士的行列和铺着红丝绒的棺材。我看到阿拿多里，唉，老兄，就像此刻看到你一样清楚。我走到棺材旁边。我的儿子躺在里面，可他已经不是我的啦。我的儿子是个肩膀狭窄、脖子细长、喉结很尖的男孩子，总是笑嘻嘻的；但现在躺着的，却是一个年轻漂亮、肩膀宽阔的男人，眼睛半开半闭，仿佛不在看我，而望着我所不知道的很远的远方。只有嘴唇角上仍旧保存着一丝笑意，让我认出他就是我的儿子小多里……我吻了吻他，走到一旁。中校讲了话。我的阿拿多里的同志们，朋友们，擦着眼泪，但是我没有哭，我的眼泪在心里干枯了。也许正因为如此，所以我的心才痛得那么厉害吧。

我在远离故乡的德国土地上，埋葬了自己最后的欢乐和希望。儿子的炮兵连鸣着礼炮，给自己的指挥员送丧。我的心里仿佛有样东西断裂了……我不知所以地回到自己的部队里。不久我复员了。上哪儿去呢？难道回伏罗尼士吗？绝不！我记得在乌留平斯克住着一个老朋友，他还是冬天里因伤复员的，曾经邀我到他那儿去过。我一想起他，就动身到乌留平斯克去了。

5. "我常常做着老头儿的梦想……"作者写这些反映了索科洛夫怎样的心理状态？

____

____

____

6. "我的儿子是个肩膀狭窄……肩膀宽阔的男人"，索科洛夫为什么这样说？这些话里包含了哪些意思？

____

____

____

7. 伏罗尼士是索科洛夫的故乡，但索科洛夫复员后为什么坚决不回故乡？这说明了什么？

____

____

____

（二）

树林里听到我那个同志的叫声和划桨声。

这个陌生的，但在我已经觉得很亲近的人，站了起来，伸出一只巨大的、像木头一样坚硬的手：

"再见，老兄，祝你幸福！"

"祝你到卡沙里一路平安。"

"谢谢。喂，乖儿子，咱们坐船去。"

男孩子跑到父亲跟前，挨在他的右边，拉住父亲的棉袄前襟，在迈着阔步的大人旁边急急地跑着。

两个失去亲人的人，两颗被空前强烈的战争风暴抛到异乡的沙子……什么东西在前面等着他们呢？我希望：这个俄罗斯人，这个具有不屈不挠的意志的人，能经受一切，而那个孩子，将在父亲的身边成长，等到他长大了，也能经受一切，并且克服自己路上的各种障碍，如果祖国号召他这样做的话。

我怀着沉重的忧郁，用目光送着他们……本来，在我们分别的时候可以平安无事，可是，凡尼亚用一双短小的腿连跳带蹦地跑了几步，忽然向我回过头来，挥动一只粉红色的小手。刹那间，仿佛有一只柔软而尖利的爪子，抓住了我的心，我慌忙转过脸去。不，在战争几年中白了头发、上了年纪的男人，不仅仅在梦中流泪，他们在清醒的时候也会流泪。这儿重要的是能及时转过脸去。这儿最重要的是不要伤害孩子的心，不要让他看到，在你的脸颊上怎样滚动着吝啬而伤心的男人的眼泪……

8. “这个陌生的，但在我已经觉得很亲近的人”中“陌生”与“亲近”两词是否矛盾？为什么？

______

______

______

9. 怎样理解“吝啬而伤心的男人的眼泪”中的“吝啬而伤心”？

______

______

______

10. “两个失去亲人的人，两颗被空前强烈的战争风暴抛到异乡的沙子”，运用了何种修辞手法？有什么深刻含义？

______

______

______

（三）

归　途

金顺根

出站后，我直奔售票处，买好回部队的车票。真是春风得意，这次多亏在邮局工作的老同学“帮忙”，拍了封“母病危，速回”的电报，要不，谁知道猴年马月探一次亲呢！

刚离开售票口，那个一直守在边上的老人突然拉住我：“去宁波？”我点点头，忽然明白了什么，甩掉了他的手继续朝前走。

“探亲还是出差？”他紧追不舍。“回部队。”我爱理不理的。说实在的，经常出门在外，这种人见多了，我猜得出再搭上两句话，他就要说“到部队看儿子，钱被偷了。想借点路费，回去寄还”这一类话，可能还会挤出几滴眼泪，最后还可能拿出一个证件，但其真假只有天知道。猛然，他跑到前面拉住我："解放军同志，想求你一件事儿……"一听这话，我差点儿笑出来，随手指了指不远处一个民警："找他去吧！"

老人一怔，说："不，我想请你回部队替我发个电报。"说着，递上一个信封和10元钱。我抽出信纸，上有一行短语："妈，儿因部队需要不能回家并到医院服侍你老人家，请妈原谅！小强于宁波。"

我疑惑地抬起头，仔细打量老人："你自己可以拍电报给你儿子，像这种情况，部队领导会考虑的。"

许久，老人才缓缓地说："他妈患的是绝症，这几天一清醒过来就要儿子，而小强却在两个月前因公牺牲了，没办法，只好……"

啊！是这样，我一时竟不知该说什么好，手上的信变得异常沉重，仿佛捧着一颗跳动的心。

"我还要到医院去，这件事儿拜托了。"说罢，他双手为我扶正军帽，抚平衣褶，转身融入熙熙攘攘的人流之中。

望着人流中的老人，我庄严地举起右手……

（选自《中学生语数外：初中版》2003年第8期）

11. 小说开篇交代请老同学拍假电报，在文章中的作用是什么？

____

____

____

12. 下面对小说有关内容的赏析，不恰当的一项是（　　）

A. 小说整体上运用先抑后扬和反衬的手法，体现了其构思的匠心独运。

B. 老人的坚强与高尚，"我"的卑琐与渺小，形成了鲜明的反差。

C. 小说中，老人解释性的语言中，透露着悲伤，也透露着坚强。

D. 老人"为我扶正军帽，抚平衣褶"，是对"我"无声的批评。

E. 题目"归途"一语双关，既指"我"回家探亲，也指"我"心灵的回归。

十四　老人与海（节选）

一、基础知识应用

1. 下列词语中，有错别字的一项是（　　）

A. 臭迹　　鲭鲨　　豪无畏惧　　为所欲为

B. 格崩　　攮进　　狠毒无比　　残缺不全

C. 腐烂　　船艄　　倒霉透顶　　赤手空拳

D. 褐色　　蹂躏　　忽隐忽现　　慢慢吞吞

2. 下列各项中，标点符号使用正确的一项是（　　）

A. "你累乏啦，老头儿，"他说，"里里外外都累乏啦。"

B. "来吧，星鲨。"老头儿说，"再来吧。"

C. 他想：我应该把他的长吻儿砍掉，绑在桨把上的话，那该是多好的武器呀。

D. 我拿什么去买运气呢？他自己问自己。我买运气，能够用一把丢掉的渔叉，一把折断的刀子，一双受了伤的手吗?!

3. 下列加点词的解释，不正确的一项是（　　）

A. 由于另一条鲨鱼正在蹂躏死鱼的缘故　　蹂躏：践踏。

B. 吞噬一切的两颚　　吞噬：吞食。

C. 高耸的脊鳍　　高耸：高而直地耸立。

D. 仓皇地飞走　　仓皇：烦躁。

4. 下列各项中，动词使用符合原文的一项是（　　）

两条鲨鱼一道儿来到跟前，他看见离得最近的一条张开大嘴______进死鱼的银白色的肚皮时，他把短棍高高地______起，使劲______下，朝鲨鱼的宽大的头顶狠狠地______去。

A. 咬　扬　捶　劈　　B. 咬　举　打　砍

C. 插　举　捶　劈　　D. 插　扬　打　砍

二、阅读与表达能力训练

阅读下面的文字，完成5—12题。

（一）

他想，能够撑下去就太好啦。这要是一场梦多好，但愿我没有钓到这条鱼，独自躺在床上的报纸上面。

“可是一个人并不是生来要给打败的，”他说，“你尽可把他消灭掉，可就是打不败他。”他想：不过这条鱼被我弄死了，我倒是过意不去。现在倒霉的时刻就要来到，我连渔叉也给丢啦。Dentuso这个东西，既残忍，又能干；既强壮，又聪明。可我比它更聪明。也许不吧，他想。也许我只是比它多了个武器吧。

“别想啦，老家伙，”他又放开嗓子说，“还是把船朝这条航线上开去，有了事儿就担当下来。”

“想点开心的事吧，老家伙，”他说，“一分钟一分钟过去，离家越来越近了。丢掉了40磅鱼肉，船走起来更轻快些。”

他很清楚，把船开到海流中间的时候会出现什么花样。但是现在一点办法也没有。

“得，有主意啦，”他大声说，“我可以把我的刀子绑在一只桨把上。”

他把舵柄夹在胳肢窝里，用脚踩住帆脚绳，把刀子绑在桨把上了。

“啊，”他说，“我照旧是个老头儿。不过我不是赤手空拳罢了。”

这时风大了些，他的船顺利地往前驶去。他只看了看鱼的前面一部分，他又有点希望了。

他想，不抱着希望真蠢。此外我还觉得这样做是一桩罪过。他想，别想罪过了吧。不想罪过，事情已经够多啦，何况我也不懂得这种事。

我不懂得这种事，我也不怎么相信。把一条鱼弄死也许是一桩罪过。我猜想一定是罪过，虽然我把鱼弄死是为了养活我自己，也为了养活许多人。不过，那样一来什么都是罪过了，别想罪过了吧。现在想它也太迟啦，有些人是专门来考虑犯罪的事儿的，让那些人去想吧。你生来是个打鱼的，正如鱼生来是条鱼。

他总喜欢去想一切跟他有关联的事情，同时因为没有书报看，也没有收音机，他就想得很多，尤其是不住地在想到罪过。他想，你把鱼弄死不仅仅是为了养活自己，卖去换东西吃。你弄死它是为了光荣，因为你是个打鱼的。它活着的时候你爱它，它死了你还是爱它。你既然爱它，把它弄死了就不是罪过。不然别的还有什么呢？

“你想得太多啦，老头儿，”他高声说。

他想，你倒很乐意把那条鲨鱼给弄死的。可是它跟你一样靠着吃活鱼过日子。它不是一个吃腐烂东西的动物，也不像有些鲨鱼似的，只是一个活的胃口。它是美丽的、崇高的，什么也不害怕。

“我弄死它为了自卫，”老头儿又高声说，“我把它顺顺当当地给弄死啦。”

他想，况且，说到究竟，这一个总要去杀死那一个。鱼一方面养活我，一方面要弄死我。孩子是要我养活的。我不能过分欺骗自己了。

5. 老人费尽千辛万苦钓到的大马林鱼，为什么说“但愿我没有钓到这条鱼”？

____

____

____

6. 此时老人的心理是矛盾的，这矛盾是什么？

____

____

____

7. 怎样理解“它是美丽的，崇高的，什么也不害怕”？

____

____

____

（二）

我看到了一条河

［英］理查德·布兰森

童年在我的记忆中比较模糊，但其中有几个片段却令我记忆犹新。我的父母总是不断让孩子接受挑战，想方设法培养我们的独立精神。我4岁那年，有一次妈妈开车送我回家，路上她让我在离家几英里的农田边下车，然后自己找路回家。虽然那次探险，以我彻底迷路而告终，但此事对我影响很大。在这样的环境中，我从小就乐于寻找挑战。

刚开始游泳时，我大概有四五岁。我们全家和朱迪斯姑姑一起在德文郡度假。我最喜欢朱迪斯姑姑，她在假期开始时和我打赌，如果我能在假期结束时学会游泳，就给我10先令。于是我每天泡在冰冷的海浪里，一练就是几个小时。但是到最后一天，我仍然没有学会游泳。

“没关系，里克，”朱迪斯姑姑说，“明年再来。”

但是我决心不让她等到下一年，再说我也担心明年朱迪斯姑姑就会忘了我们打赌的事。从德文郡开车到家要12小时，出发那天，我们很早就起程了。乡间的道路很窄，车里又挤又闷，大家都想快点儿到家。但是这时我看到了一条河。

“爸爸，停一下车好吗?”我说。这条河是我最后的机会，我坚信自己能赢到朱迪斯姑姑的10先令。“请停车!”我大叫起来。爸爸从倒车镜里看了看我，减慢速度，把车停在路边的草地上。

“里克看见一条河，”妈妈说，“他想再最后试一次游泳。”

我脱下衣服，穿着短裤往河边跑去。但离河边越近，我越没信心，等我跑到河边时，自己也害怕极了。河面上水流很急，发出巨大的响声，河中央一团团泡沫迅速向下游奔去。我在灌木丛中找到一处被牛踏出的缺口，蹚水走到较深的地方。爸爸、妈妈、朱迪斯姑姑都站在河边看我的表演。爸爸叼着他的烟斗，看上去毫不担心。妈妈一如既往地向我投来鼓励的目光。

我定下神来，迎着水流，一个猛子扎下去。不久，我感到自己在迅速下沉。慌乱中我的腿在水里无用地乱蹬，急流把我冲向相反的方向。我无法呼吸，呛了几口水。我想把头探出水面，但四周一片空虚，没有借力的地方。我又踢又扭，然而毫无进展。

就在这时，我踩到了一块石头，用力一蹬，总算浮出水面。我深吸了一口气，这口气让我镇定下来，我一定赢得那10先令。

我慢慢地蹬腿，双臂划水，突然我发现自己正游过河面，我忽上忽下，姿势完全不对，但我意识到我成功了，我终于会游泳了！我不顾湍急的水流，骄傲地游到河中央。透过流水的怒吼声，我似乎听到大家的拍手欢呼声。……我终于游回岸边，在50米以外的地方爬上岸时，我看到朱迪斯姑姑正在大手提袋里找她的钱包。我拨开带刺的荨麻，向他们跑去。我也许很冷，也许浑身是泥，也许被荨麻扎得遍体鳞伤，但我会游泳了。

“给你，里克，”朱迪斯姑姑说，“干得好。”我看着手里的10先令，棕色的纸币又大又新。我从没有见过这么多钱，这可是一笔巨款。

爸爸紧紧抱住了我，然后说：“好了，各位，我们上路吧!”直到那个时候，我才发现爸爸浑身透湿，水珠正不断地从他的衣角上滴下来。原来他一直跟在我身后游。

（选自《现代交际》2005年08期，略有改动）

8. 下列对文章内容和写法的理解，错误的一项是（　　）

A. 文章主要通过“我”学游泳的经历，表现了“我”的父亲注重培养孩子的独立精神，使“我”从小就乐于寻找挑战。

B. 第1自然段中的叙事，为下文写“我”敢于在湍急的河流中学游泳做了铺垫。

C. 文章重点刻画了“我”父亲的形象，突出他对孩子的与众不同的教育方法。

D. 文章详略得当，重点叙述了“我”在回家途中学会游泳的事。

9. 对文中人物性格的理解，分析最准确的一项是（　　）

A. “我”冒着危险一定要赢得打赌的10先令，说明“我”是个贪心的小男孩。

B. 母亲曾让4岁的“我”在离家几英里的地方下车，然后自己找路回家，说明母亲不溺爱孩子。

C. 看着“我”走到水比较深的地方，爸爸“看上去毫不担心”，表现了父亲对孩子的漠不关心。

D. 朱迪斯姑姑见“我”到最后一天还没有学会游泳，说：“没关系，里克，明年再来。”说明她对“我”失去了信心。

10. 文中画线的句子用了哪几个词语突出水流湍急的特点？这句话在文中起到了什么作用？

11. 请用3个词语概括出“我”在下水前、游泳中及学会游泳后的心理状态。

12. 读了这篇文章，你想对你的家人说些什么？（不少于30个字）

（一）

阅读提示

人生苦旅，生活中人们总有许许多多无法回避的苦难与伤痛：亲人的离世、爱人的抛弃、事业的失败、身体的残疾……有的人将这一切作为人生的一笔巨大财富而收入囊中，当面临困境时，取出其中的一份作为渡过难关的代价而抛诸脑后；有的人则视为肩上沉重的包袱而无法挺直腰身，遇到新的障碍则更加难以逾越。同样要面对苦难，却可以得到不同景象的人生。如果是你，会选择哪一种呢？

站在不同的角度观赏风景，我们会看到不同的画面！这如同我们的人生，换一种心境来体味，自是不同。既然我们有选择的权利，为何不能拥有快乐人生呢？

不要相信命运

命运并非机遇，而是一种选择；我们不该期待命运的安排，必须凭自己的努力创造命运。

——布莱克

威尔逊先生是一位成功的企业家，他从一个普普通通事务所小职员做起，经过多年的奋斗，终于拥有了自己的公司、办公楼，并且受到了人们的尊敬。

这一天，威尔逊先生从他的办公楼走出来，刚走到街上，就听见身后传来“嗒嗒嗒”的声音，那是盲人用竹竿敲打地面发出的声响。威尔逊先生愣了一下，缓缓地转过身。

那盲人感觉前面有人，连忙打起精神，上前说道：“尊敬的先生，您一定发现我是一个可怜的盲人，能不能占用您一点点时间呢？”

威尔逊先生说："我要去会见一个重要的客户，你要什么就快说吧。"

盲人在一个包里摸索了半天，掏出一个打火机，放到威尔逊先生的手里，说："先生，这个打火机只卖1美元，这可是最好的打火机啊！"

威尔逊先生听了，叹口气，把手伸进西服口袋，掏出一张钞票递给盲人："我不抽烟，但我愿意帮助你。这个打火机，也许可以送给开电梯的小伙子。"

盲人用手摸了一下那张钞票，竟然是100美元！他用颤抖的手反复抚摸这钱，嘴里连连感激着："您是我遇见过的最慷慨的先生！仁慈的富人啊，我为您祈祷！上帝保佑您！"

威尔逊先生笑了笑，正准备走，盲人拉住他，又喋喋不休地说："您不知道，我并不是一生下来就瞎的，都是在23年前布尔顿的那次事故！太可怕了！"

威尔逊先生一震，问道："你是在那次化工厂爆炸中失明的吗？"

盲人仿佛遇见了知音，兴奋得连连点头："是啊是啊，您也知道？这也难怪，那次光炸死的人就有93个，伤的人就有好几百。"

也许他想用自己的遭遇打动对方，争取多得到一些钱，就可怜巴巴地说了下去："我真可怜啊！到处流浪，孤苦伶仃，吃了上顿没下顿，死了都没人知道！"他越说越激动，"您不知道当时的情况，火一下子冒了出来！仿佛是从地狱中冒出来的！逃命的人群都挤在一起，我好不容易冲到门口，可一个大个子在我身后大喊：'让我先出去！我还年轻，我不想死！'他把我推倒了，踩着我的身体跑了出去！我失去了知觉，等我醒来，就成了瞎子，命运真不公平呀！"

威尔逊先生冷冷地说道："事实恐怕不是这样吧？你说反了。"

盲人一惊，用空洞的眼睛呆呆地对着威尔逊先生。

威尔逊先生一字一顿地说："我当时也在布尔顿化工厂当工人，是你从我的身上踏过去的！你长得比我高大，你说的那句话，我永远都忘不了！"

盲人站了好长时间，突然一把抓住威尔逊先生，爆发出一阵大笑："这就是命运啊！不公平的命运！你在里面，现在出人头地了，我跑了出去，却成了一个没有用的瞎子！"

威尔逊先生用力推开盲人的手，举起了手中一根精致的棕榈手杖，平静地说："你知道吗？我也是一个瞎子。你相信命运，可是我不信。"

（选自《读者文摘精粹版·善待自己每一天》，陕西师范大学出版社2006年版，略有改动）

想一想

同是不幸的遭遇或失败，有人只能以乞讨混日子为生，有人却能出人头地。这真的是命运的安排吗？

（二）

找死的年轻人

周　涛

从前，有个年轻人，他很忧郁，总觉得自己生活得很不幸。他从来没有愉快过，更没有笑过，总是皱着眉头，阴沉着脸，头发长得很长也不剪，懒得做任何事。

他曾经跟一位画师学过画画，他很聪明，只学了3个月，就掌握了不少的技巧。第四个月，他离开了画师，说："这玩意儿没什么可学的！"他又跟一个商人学习做生意，他仍然很聪明，只学了半年，就碰上一次好运气，他发财了，赚了不少的钱，到了第七个月，他离开了商人，说："这玩意儿也没什么可学的！"

第三次他遇到了一个哲学家，他跟哲学家学了一年，他觉得悟透了人生的道理，那就是一切都没意思，一切努力最终都会被死神一笔勾销。他认识到死是伟大的，只有死才是永恒，除此之外，一切都是短暂的。

于是他离开了哲学家，准备寻找一个他最满意的地方，然后结束自己的生命。他走啊，走啊，走了很多地方，却觉得都不是理想的自杀地。后来，他到了昆仑山下的一个林子里。

"很好，"他心想，"这个地方是最合适的位置，到了昆仑山下就算到了极地，空气干燥，流沙也免于尸体腐化，说不定能成为木乃伊保存后世呢！何况这里人烟稀少，死后可以清静地免除尘世喧嚣。"他想好了，准备就在这地方安息长眠，明天就上吊。

第二天，他来到一棵500年的核桃树下，正准备死，碰到一位白须垂胸的老人，老人正吃力地搬一辆陷进水渠里的毛驴车。老人看见他站在树下，便对他说："年轻人！你站在那里干什么？为什么不来帮我一下？"

年轻人觉得老人的要求是合理的，就跑过去帮他搬车子，他想，搬完车子再死也不迟。等到搬完车子，天已经快黑了，老人一定要感谢他，留他吃饭，他推辞不掉，心想，吃完饭再死也不迟。

就这样，老人不断地请他帮忙。植林带，不然流沙就会埋掉房屋啦；修水渠，不然庄稼就会干枯啦；种葡萄，不然夏天院子里就没地方乘凉啦。一件事又一件事，年轻人没有理由推辞，只好干下去，一天天推迟死期。

秋天的时候，老人对年轻人说："你不是一直要死吗？对不起，为我的事耽误了你这么久。现在，你可以去死了。"

年轻人看看这块美丽的田园：林带，葡萄架，堆满粮食的谷仓，长满了绿草的水渠两岸，还有新盖的房子，盛开的花圃……这一切，全都和自己的汗水有关系，让他舍不得了。

他决定不死了，和老人好好活下去。

他又开始画画了，画得非常好；而且他会做生意，卖画赚了不少钱。最后他开始总结和思考这里的人生意义，准备写一部哲学著作，题目就叫《福乐智慧》。

据说，这个年轻人现在还活在世上。

（选自《作文周刊（中考版）》2008年第10期）

1. 从情节结构看，第1自然段是全文的________，其作用是__________________________。

2. 第2至4自然段中，聪明的年轻人学画画、学做生意、学哲学都达到了预期的目的。然而，他为什么会想到了死呢？（不超过35个字）

____

____

3. 由聪明的年轻人想到了死的情节，可以悟出什么道理？

____

____

____

4. 小说的结尾句“据说，这个年轻人现在还活在世上”有什么深刻含义？这一结尾妙在何处？

____

____

____

5. 下列各项中，能表现这篇小说主旨的三项是（　　）（　　）（　　）

A. 在劳动中能实现自身价值。

B. 在帮助别人的过程中能获得乐趣。

C. 从自己的劳动成果中能认识到人生的美丽。

D. 用事实教育人比单纯说教效果更佳。

E. 人在运用自己的智慧中才能真正品味幸福。

F. 帮助别人就要诚心诚意，持之以恒。

6. 在日常生活中，会遇到这样的事：当某人接受某项任务时，往往会说“试试看”。诚然，试试看，并不等于成功在握。但是，不敢试或者不去试却绝对是成功无望。因为无论多么可喜的成功，第一步往往踏在“试试看”的跳板上。事实上，我们中的许多人都有这样的人生体验：譬如，你曾勇敢地跨越一条宽阔的壕沟，你曾尝试着解开了一道复杂的方程，或者你曾试着完成一项棘手的工作……可以说，我们正是从“试试看”起步，而后一路风尘，跨越人生的山峰沟壑，来到青青的芳草地。请以“试试看”为话题，自拟题目，文体不限，写一篇600字左右的文章。

第四单元

十六 文学的趣味

一、基础知识应用

1. 下句中加点字的注音，完全正确的一项是（ ）

……仿佛以为知、好、乐是三层事，一层深一层。

A. fú hào lè　　B. fó hǎo yuè

C. fú hǎo yuè　　D. fó hào lè

2. 对下列加点字词的解释，有误的一项是（ ）

A. 好（喜爱）之者　　生生（不停地滋生）不息

B. 小（作动词用，以为小）天下　　融（融合）为一起

C. 绮靡（华丽、浮艳）　　不可磨（消耗时间、拖延）灭

D. 笃嗜（特别爱好）　　玩索（思索、探寻）

3. 下列各句中，加点成语使用正确的一项是（ ）

A. 小张说："我们虽然是残疾人，但只要我们自强不息，就一定能干出一番事业来。"

B. 对于在困难时期帮助过他的人，小张一直耿耿于怀。

C. 所有这些都是有口皆碑的铁的事实，歹徒想抵赖是徒劳的。

D. 小张是我青梅竹马的旧友，当年在女中上学时，我们常像亲姐妹一样一起玩。

4. 对"那'天下'也只是孔子所能见到的天下"一句中"天下"引号作用的理解，正确的一项是（ ）

A. 表强调　　B. 表特殊称谓　　C. 表讽刺　　D. 表否定

二、阅读与表达能力训练

阅读下面的文字，完成5—13题。

（一）

有些人根本不知，当然不会盛感到趣味，看到任何好的作品都如蠢牛听琴，不起作用。这是精神上的残疾。犯这种毛病的人失去大部分生命的意味。

有些人知得不正确，于是趣味低劣，缺乏鉴别力，只以需要刺激或麻醉，取恶劣作品疗饥过瘾，以为这就是欣赏文学。这是精神上的中毒，可以使整个的精神受腐化。

有些人知得不周全，趣味就难免窄狭，像上文所说的，被囿于某一派别的传统习尚，不能自拔。这是精神上的短视，"坐井观天，诬天藐小"。

要诊治这三种流行的毛病，唯一的方剂是扩大眼界，加深知解。一切价值都由比较得来，生长在平原，你说一个小山坡最高，你可以受原谅，但是你错误。“登东山而小鲁，登泰山而小天下”，那“天下”也只是孔子所能见到的天下。要把山估计得准确，你必须把世界名山都游历过、测量过。研究文学也是如此，你玩索的作品愈多，种类愈复杂，风格愈纷歧，你的比较资料愈丰富，透视愈正确，你的鉴别力（这就是趣味）也就愈可靠。

5. 对选文所列“三种流行的毛病”分析，有误的一项是（　　）

A. “精神上的残疾”是指人们对文学的内涵和意蕴根本不懂，不会欣赏文学作品，不能获得文学所给予的趣味。

B. “精神上的中毒”意思是指对文学的了解是错误的，培养的是对文学的低级趣味，而缺乏正确的欣赏品质，因而沉湎于对低级文学的“欣赏”中不能自拔。

C. “精神上的短视”意思是指对文学的了解面狭窄，只固定于对某种文学的欣赏，缺乏欣赏文学的广泛的领域，目光短浅，视野狭小，因而在文学的大海中无法畅游。

D. 作者认为文学方面存在着这三种流行的毛病的首要原因是没有好的欣赏方法，缺乏对文学的爱好，没有把欣赏文学作为一种乐趣。

6. 选文采用的论证技巧，准确的一项是（　）

A. 以小见大　　B. 现身说法　　C. 以喻明理　　D. 点面结合

7. 对某些同学沉迷于暴力色情小说的行为诊断，准确的一项是（　）

A. 精神上的残废

B. 精神上的中毒

C. 精神上的短视

D. 精神上的残废、中毒、短视，三种行为都具备

8. “一切价值都由比较得来，生长在平原，你说一个小山坡最高，你可以受原谅，但是你错误。‘登东山而小鲁，登泰山而小天下’，那‘天下’也只是孔子所能见到的天下。要把山估计得准确，你必须把世界名山都游历过、测量过。研究文学也是如此，你玩索的作品愈多，种类愈复杂，风格愈纷歧，你的比较资料愈丰富，透视愈正确，你的鉴别力（这就是趣味）也就愈可靠。”请将这一语段压缩为50字以内的3~4句话。

（二）

一切艺术都是抒情的，都必表现一种心灵上的感触，显著的如喜怒爱恶哀愁等情绪，微妙的如兴奋、颓唐、忧郁、宁静以及种种不易名状的飘来忽去的心境。文学当作一种艺术看，也是如此。不表现任何情致的文字就不算是文学作品。文字有言情说理叙事状物四大功用，在文学的文字中，无论是说理叙事状物，都必须流露一种情致，若不然，那就成为枯燥的没有生趣的日常应用文字，如账簿、图表、数理化教科书之类。不过这种界线也很不容易划清，因为人是有感情的动物，而情感是容易为理、事、物所触动的。许多哲学的、史学的，甚至于科学的著作都带有几分文学性，就是因为这个道理。我们不运用言辞则已，一运用言辞，就难免要表

现几分主观的心理倾向，至少也要有一种“理智的信念”，这仍是一种心情。

情感和思想通常被人认为是对立的两种心理活动。文字表现的不是思想，就是情感。其实情感和思想互相影响，互相融会。除掉惊叹语和谐声语之外，情感无法直接表现于文字，都必借事、理、物烘托出来，这就是说，都必须化成思想。这道理在中国古代刘彦和说得最透辟。《文心雕龙》的《熔裁》篇里有这几句话：“草创鸿笔，先标三准。履端于始，则设情以位体；举正于中，则酌事以取类；归馀于终，则撮辞以举要。”用现代话来说，行文有三个步骤，第一步要心中先有一种情致，其次要找出具体的事物可以烘托出这种情致，这就是思想分内的事，最后要找出适当的文辞把这内在的情思化合体表达出来。近代美学家克罗齐的看法恰与刘彦和的一致。文艺先须有要表现的情感，这情感必融会于一种完整的具体意象（刘彦和所谓“事”），即借那个意象表现，然后用语言把它记载下来。

我特别提出这一个中外不谋而合的学说来，用意是在着重这三个步骤中的第二个步骤。这是一般人所常忽略的。一般人常以为由“情”可以直接到“辞”，不想到中间须经过一个“思”的阶段，尤其是19世纪浪漫派理论家主张“文学为情感的自然流露”，很容易使人发生这种误解。在这里我们不妨略谈艺术与自然的关系和分别。艺术原意为“人为”，自然是不假人为的；所以艺术与自然处在对立的地位，是自然就不是艺术，是艺术就不是自然。说艺术是“人为的”就无异于说它是“创造的”。创造也并非是无中生有，它必有所本，自然就是艺术所本。艺术根据自然，加以熔铸雕琢，选择安排，结果乃是一种超自然的世界。换句话说，自然须通过作者的心灵，在里面经过一番意匠经营，才变成艺术。艺术之所以为艺术，全在“自然”之上加这一番“人为”。

这番话并非题外话。我们要了解情与辞的道理，必先了解这一点艺术与自然的道理。情是自然，融情于思，达之于辞，才是文学的艺术。在文学的艺术中，情感须经过意象化和文辞化，才算得到表现。人人都知道文学不能没有真正的情感，不过如果只有真正的情感，还是无济于事。你和我何尝没有过真正的情感？何尝不自觉平生经验有不少的诗和小说的材料？但是诗在哪里？小说在哪里？浑身都是情感不能保障一个人成为文学家，犹如满山都是大理石不能保障那座山有雕刻，是同样的道理。

一个作家如果信赖他的生糙的情感，让它“自然流露”，结果会像一个掘石匠而不能像一个雕刻家。雕刻家的任务在把一块顽石雕成一个石像，这就是说，给那块顽石一个完整的形式，一条有灵有肉的生命。文学家对于情感也是如此。英国诗人华兹华斯有一句名言：“诗起于在沉静中回味过来的情绪。”在沉静中加过一番回味，情感才由主观的感触变成客观的观照对象，才能受思想的洗练与润色，思想才能为依稀隐约不易捉摸的情感造出一个完整的可捉摸的形式和生命。这个诗的原理可以应用于一切文学作品。

（节选自朱光潜《情与辞》，《谈文学》，安徽教育出版社1996年版）

9. 选文的第1自然段中加点的“这种界线”指____

____

10. 选文的第2自然段中说“克罗齐的看法恰与刘彦和的一致”，这一致的看法是指______

____

11. 选文的第3自然段中画横线的“艺术与自然的关系和分别”，具体是指______________

____

12. 下列对选文意思的理解，有误的一项是（　　）

A. 一切文学作品都是表现情感的，无论言情说理叙事状物，莫不如此。

B. 情感与思想是对立的两种心理活动，文学不是表现思想，就是表现情感。

C. 在文学艺术中，情感必须经过意象化和文辞化才能得到表现。

D. 文学表现情感必须经过思想这一阶段，“自然流露”的情感不可能成为好的文学作品。

13. 将“雕刻家的任务在把一块顽石雕成一个石像，这就是说，给那顽石一个完整的形式，一条有灵有肉的生命”改为一句话，意思不变。

______

______

十七　运用之妙，存乎一心

一、基础知识应用

1. 下列加点字的注音，完全正确的一组是（　　）

A. 拈断（niǎn）　　钦佩（qīn）　　茎（jīn）

B. 木屐（jī）　　李煜（yù）　　汀（tīng）

C. 造诣（zhǐ）　　瑰丽（guī）　　迥（jiǒng）

D. 哽咽（yàn）　　携手（xié）　　戌（wū）

2. 查找资料，或根据句中语境，解释加点的词句。

（1）“吟安一个字，拈断数茎须”，就是为了选择最恰当的字眼，表现出最美的意境。

______

______

（2）在语言大师们的笔下，文字的运用，确有点铁成金之妙。

______

______

（3）离歌且莫翻新阕，一曲能教肠寸结。

______

______

（4）所有这些诗句的情致，都在这“一”字，如果易“一”为“几”、为“数”，则兴趣索然了。

______

______

3. 下列句子，有语病的一句是（　　）

A. 我国古代许多诗人，为了写好一首诗，反复推敲，锤字炼句，有限的字在他们笔下，花样翻新，变化无穷，创作出瑰丽多姿的艺术品来。

B. 字典上的字，每个识字的人都可以使用，但是，同一个字在不同的人的笔下，却能发挥不同的作用。

C. 我们只要稍为留意一下，就不难发现，一些极其普通而常用的字，在诗人的笔下，往往能使之新意层出，妙趣无穷。

D. 由一而知万，这可以是数学计算的结果，但在文艺中，这个“一”必须是和某具体事物联系在一起，借助于艺术联想，才能以少总多、以一当十，获得艺术审美的效果。

4. 下列诗句中，“一”字不具有“以少总多”“一以当十”艺术效果的一项是（　　）

A. 今日听君歌一曲，暂凭杯酒长精神。

B. 深秋帘幕千家雨，落日楼台一笛风。

C. 白云一片去悠悠，青枫浦上不胜愁

D. 一声啼鸟禁门静，满地落花春日长。

5. 根据课文，下列对“一叶知秋”分析错误的一项是（　　）

A. 这里的“一”是“满”“完全”的意思。

B. 诗人用“一叶”表现秋色。

C. 这里的“一”具有“乘一总万”“以少总多”之妙。

D. 比正面写“秋天到了”要含蓄得多，意境更为深远，更耐人寻味。

6. 下列对课文的理解，有错误的一项是（　　）

A. 作者借用兵家的“运用之妙，存乎一心”来说语言文字的运用之妙，在于作家的匠心独运。

B. 本文论述的中心是“一”字的妙用。

C. 作者引用“一鸟忽飞来，啼破幽绝处”，是为了表现动景，以环境的幽静衬托“一鸟”的灵动。

D. 作者认为“一”字本身，既无形象也不能抒情言志，只有依附于作品中所写的具体事物，才能发挥作用，具有特殊的表现力。

二、阅读与欣赏能力训练

阅读下面的文字，完成7—13题。

（一）

要说“一”字的妙用，我们很自然地就会想到“一字师”的故事：

郑谷在袁州，齐己携诗诣之。有《早梅》诗云“前村深雪里，昨夜数枝开”，谷曰：“‘数枝’非早也，未若‘一枝’。”齐己不觉下拜。自是士林以谷为一字师。

——《诗人玉屑》卷六

所谓“一字师”就是说改了一个字，即把“数”字改为“一”字。一字之改，为什么使作者钦佩得五体投地呢？看来，其中是有妙趣的。诗题为《早梅》，写的是梅，而立意则应在早字：一场大雪下过，深深的积雪覆盖万物，但坚毅独拔的梅花，却迎风斗雪，傲然开放。诗中所写的是含苞待放的早梅，它并不因风雪摧残而萎缩凋零，反而以一种不可抗拒的力量，在深雪里绽开蓓蕾。如果是开了数枝，说明已开放了几天了，如果是一树梅花，那就更是花开已久了。“一枝开”既表现其早，还使人感到无数蓓蕾将迎着严酷的风雪，不断怒放。唯其“一枝”，才表现出坚强峭拔的品格和生命力，这样，诗的意境才符合“早梅”二字的命意。由此可见,“一”字虽属数的概念,但在表现“早梅”的意境中,却起了如此巨大的作用。当然,这并不是说,写早梅就只有这种写法,也有人以盛开的梅花描写早梅的,例如张谓《早梅》云:“一树寒梅白玉条,迥临村路傍溪桥。不知近水花先发,疑是经冬雪未销。”但这写的是另一种意境,和齐己的诗是迥然不同的。

7. 根据所选文字,概括“一字师”的意思。

8. 作者列举“一字师”的故事是为了说明什么道理?

9. 作者说“有人以盛开的梅花描写早梅的”,并列举了张谓的《早梅》。请分析这首诗的内容和意境。

10. 作者列举“一字师”的故事佐证观点,为什么还要对诗歌进行细致分析?

(二)

朱自清是五四以来我国优秀的散文作家之一。他的文章严谨不苟,虽然着意锤炼文字,但风格平易自然,既不流于晦涩,也很少华丽的铺排与藻饰。韩愈说:“唯陈言之务去,戛戛乎其难哉。”去陈言固然不容易,要做到新鲜而自然则更难。朱自清的文章能够在朴素自然的风格中立新意、造新语,于平淡之中见神奇,平正通达而又富于创造性,从写作技巧上说,值得我们学习与借鉴之处是很多的。

朴素自然的文章不像大红大绿那么显眼,它的好处要细心玩味才能觉察到,粗心的读者往往是发现不了的。我们举《欧游杂记》第一篇(《威尼斯》)的第一自然段为例:

威尼斯(Venice)是一个别致地方。出了火车站,你立刻便会觉得:这里没有汽车,要到哪儿,不是搭小火轮,便是雇“刚朵拉”(Gondola)。大运河穿过威尼斯像反写的S,这就是大街。另有小河道418条,这些就是小胡同。轮船像公共汽车,在大街上走;“刚朵拉”是一种摇橹的小船,威尼斯所特有,它哪儿都去。威尼斯并非没有桥,378座,有的是。只要不怕转弯抹角,哪儿都走得到,用不着下河去。可是轮船中人还是很多,“刚朵拉”的买卖也似乎并不坏。

威尼斯的特色是河道多,水上交通特别频繁,可是作者不直接把这一点说出来,却从一个刚到威尼斯的旅客的印象说起:“出了火车站,你立刻便会觉得:这里没有汽车,要到哪儿,不是搭小火轮,便是雇‘刚朵拉’。”接着又把运河比作大街,把另外的四百多条小河比作小胡同。这个比喻不但新鲜,有趣味,而且十分恰当。下文说“轮船像公共汽车”,这样说,因为轮船是威尼斯市内的主要交通工具，威尼斯人上街搭轮船就跟咱们上街搭公共汽车一样。这里把轮船比作公共汽车，正好跟上文把运河比作大街相合。可见“轮船像公共汽车，在大街上走”这一句简单的话里不但包含两层比喻，而且暗含着双关的意思——对这句话里的“公共汽车”来说，“大街”就是“大街”，用的是这个词的本义；可是对“轮船”来说，“大街”又不是真的大街，而是指的大运河。

“威尼斯并非没有桥，378座，有的是。”这一句也值得玩味。作者为什么不直截了当地说“威尼斯的桥很多，一共有378座”，而要转弯抹角地说“并非没有”云云呢？上文说过，威尼斯没有汽车，要到哪儿，不是搭小火轮，便是雇“刚朵拉”，读者可能由此得到一种错误的印象：以为威尼斯只有水“路”，没有陆“路”。实际情形可不是如此，所以作者说“威尼斯并非没有桥”。桥是有的，而且很多，只要你不怕绕远，不下河也照样行。

（节选自《谈朱自清的散文》，作者朱德熙）

11. 作者对朱自清散文总的评价是什么？

____

____

12. 作者在开头一段引用韩愈的话有什么作用？

____

____

13. 作者在引用朱自清的原文时，对其进行了细致分析。这样写有什么好处？

____

____

____

十八　爱因斯坦与艺术世界

一、基础知识应用

1. 下列加点字或词的解释，有错误的一项是（　　）

A. 清晰：清楚。　　酷（残酷）爱

B. 发掘：把埋藏的东西挖掘出来。　　憾（不完美、不满足）事

C. 推崇：十分推重。　　遐（远、悠远）想

D. 执着：指固执或拘泥。　　怆（悲伤）然

2. 下列句子中，没有运用修辞手法的一项是（　　）

A. 从此以后，科学、艺术和哲学作为一个整体，便成了支撑他一生的三大支柱，成了他的血和肉。

B. 在古典音乐的气氛中，人类精神最美丽的花朵之一——理论物理学的思路，如处于春日阳光和雨露之中。

C. 想象力比知识更重要。

D. 音乐、绘画和文学诚然不会直接教你如何去解微分方程，但是却能拓展你的文化背景，丰富你的想象力，提高你的审美感和精神境界，从而有助于你成为爱因斯坦。

3. 比较下列两个问句，看看使用语气是否一样？

① 倘若没有诗人般的想象力，爱因斯坦怎能以惊人的洞察力阐明相对性原理？

② 近年来，我常常听到人们提出这样一个问题：我们为什么不能贡献一个爱因斯坦？

4. 结合语境，将下列句中“敬他、爱他”扩展成不少于30字的一段话。

有一次，有人问他对巴赫有何见解，爱因斯坦则回答说，关于巴赫的作品和生平，我们只有聆听它、演奏它，敬他、爱他，而不要发什么议论！

二、阅读与表达能力训练

阅读下面的文字，完成5—12题。

（一）

在爱因斯坦看来，科学和艺术之所以值得追求，还因为它们体现了一种绝对的和谐与美。“三角形的三个高交于一点”这一几何命题就具有高超的逻辑的美，它在人们心中所激起的美感同贝多芬的《田园交响曲》在人们心中激起的美感是相通的、等价的。真正追求科学美的人，往往也会极力推崇艺术的美。正因为这样，爱因斯坦才经常把科学的伟大成就比作“思想领域中最高的音乐神韵”，把美国著名实验物理学家迈克尔孙称为“艺术家”。的确，大数学家和大物理学家在某种意义上都是艺术家。因为科学家、艺术家和哲学家之所以可贵，是由于他们有非凡的创造力，这创造力就表现在他们能各自发现新的东西。一首诗、一个哲学命题、一个数学物理公式，都必须是一种发明、一种创造。否则，它们就没有生的权利和存在的价值。

在爱因斯坦看来，科学和艺术之所以是相通的，还在于两者均要以丰富的想象力为心理背景。倘若没有诗人般的想象力，爱因斯坦怎能以惊人的洞察力阐明相对性原理？他自己就一再强调：“想象力比知识更重要。”艺术的想象力，往往会刺激科学所必需的想象力。我想，这也是爱因斯坦左脚踏在科学世界右脚踏在艺术世界的原因之一。

5. 选文中加点的“这”是指代：

6. 下列对“科学和艺术”与“和谐”的两个“和”解释，正确的一项是（　　）

A. 都做连词。

B. “科学和艺术”的“和”是介词；“和谐”的“和”指和睦。

C. 都做介词。

D. “科学和艺术”的“和”是连词；“和谐”的“和”指和睦。

7. 选文共有4处用了引号，对其用法理解正确的一项是（　　）

A. 第一处是表示重要的，其他三处是表示文中直接引用。

B. 第二处是表示重要的，其他三处是表示文中直接引用。

C. 第三处是表示重要的，其他三处是表示文中直接引用。

D. 第四处是表示重要的，其他三处是表示文中直接引用。

8. “倘若没有诗人般的想象力，爱因斯坦怎能以惊人的洞察力阐明相对性原理?”请将这句话改为一般语气的陈述句。

____

____

（二）

汉代王充（27—约 97），是我国古代著名的批判家。他写的《论衡》，专门批判古书和传说中的错误，立论有据，言之成理，表现了很高的独立思考的才华。他之所以有成就，原因之一，就是他博览群书，贯通百家。王充家贫，买不起书，只能常到书店看书。那时的书店比现在的某些书店开明，可以让顾客阅读，结果造就了王充这样的人才。

爱因斯坦应该算是科学界最善于独立思考的巨人了。然而不要忘记，青年时代的爱因斯坦在物理、数学等方面已打下了扎实的基础，而且对一般的自然科学和哲学，他也有浓厚的兴趣和丰富的知识。

有知识，才有比较；有比较，才能发现问题。动物病理学教授贝弗里奇说：“有重要的独创性贡献的科学家，常常是兴趣广泛的人……独创性常常在于发现两个或两个以上研究对象或设想之间的联系或相似点，而原来以为这些对象或设想彼此没有联系。”

知识渊博的人见解比较深刻，思考比较周密，而且对事物的发展前途常有远见，预测也比较正确。这样便大大减少了受骗上当的机会，使人生少走许多弯路。“双眼自将秋水洗，一生不受古人欺。”这秋水，就是知识之水，就是独立思考的波涛和浪花。

（节选自王梓坤《科学发现纵横谈》，北京师范大学出版社 2006 年版）

9. 下列对节选文字所运用的论证方法，判断正确的一项是（　　）

A. 喻证和例证的论证方法　　B. 喻证和引证的论证方法

C. 例证和引证的论证方法　　D. 喻证、例证和引证的论证方法

10. 节选文字主要论述了什么问题？

____

____

11. 加点诗句是清代学者袁枚的读书体会。袁枚读书为什么能“一生不受古人欺”？

____

____

12. 在不改变原意的基础上，将文中画横线的复句改为单句。

____

____

____

十九　音乐就在你心中

一、基础知识应用

1. 下列加点字的注音，有错误的一组是（　　）

A. 跋（bá）涉　　　朦（méng）胧

B. 僵（jiāng）硬　　　心扉（fēi）

C. 温馨（xīn）　　　百货中（zhōng）百客

D. 遐（xiá）想　　　缤（bīn）纷

2. 下列成语的解释，有错误的一项是（　　）

A. 金碧辉煌：形容建筑物等异常华丽，光彩夺目。

B. 千变万化：形容变化非常多。

C. 大千世界：指广阔无边的世界。

D. 无中生有：无中包含着有。

3. 对下列各句使用的修辞手法的判断，错误的一项是（　　）

A. 莫扎特、贝多芬的交响曲都像空气、水流那样轻轻地渗进了商店、办公室和人们的心中，显示出它们无限的生命力。（比喻）

B. 音乐是一个缤纷多彩的音响万花筒。（比喻）

C. 意大利现代诗人翁加雷蒂有一句有名的短诗："我用无垠/把我照亮。"（引用）

D. 当衣着讲究、正襟危坐的听众在金碧辉煌的大都会歌剧院欣赏普契尼的正歌剧时，雀跃的人流也正拥进百老汇的剧院里为那些新上演的轻歌剧喝彩。（夸张）

4. 对下列句子的理解，有错误的一项是（　　）

A. "我——懂吗？"句中的破折号表示声音的延续和意思的跃进，有反问的意思。

B. "情动于中而形于声。"句中的"中"指内心，"声"指声音。

C. "百货中百客"，其原意是指百种货物合乎百种顾客的胃口。文中是指不同层次、不同口味的人会有不同的选择。

D. "它从无中生有，生出一个千变万化的大千世界，生出一串无边无际的奇思妙想。"句中"无中生有"的"无"是指万物本源的那个混沌未开的鸿蒙世界；万物都起源于这个"无"，音乐也是从这个"无"中生出来的。

二、阅读与表达能力训练

阅读下面文字，完成5—12题。

（一）

乐为心声。这是音乐最神奇的魅力。音乐，它可以像雷电一样，一闪间劈开你的心扉，让你的心颤抖，让你的心翻腾，让你的心苞绽开朵朵鲜花。音乐，它可以"捕捉到一些快乐的影子、悲伤的痕迹；听到严酷的命运之门被沉重地敲响；嗅到从绿色田野上飘来的幽香……"

5. 用自己的话概括这个语段的中心意思。

6. 指出下列各句使用的修辞手法。

（1）音乐，它可以像雷电一样，一闪间劈开你的心扉，让你的心颤抖，让你的心翻腾，让你的心苞绽开朵朵鲜花。（　　　　　　）

（2）捕捉到一些快乐的影子、悲伤的痕迹；听到严酷的命运之门被沉重地敲响；嗅到从绿色田野上飘来的幽香……（　　　　　　）

7. 文中画线的句子，是从什么角度进行描写的？

8. 下列对语段中4句话之间关系的判断，正确的一项是（　　）

A. 并列　　B. 递进　　C. 因果　　D. 承接

（二）

中国的绘画、戏剧和中国另一种特殊的艺术——书法，具有共同的特点，这就是它们里面都是贯穿着舞蹈精神（也就是音乐精神），由舞蹈动作显示虚灵的空间。唐朝大书法家张旭观看公孙大娘剑器舞而悟书法，吴道子画壁请裴将军舞剑以助壮气。而舞蹈也是中国戏剧艺术的根基。中国舞台动作在2 000年的发展中形成一种富有高度节奏感和舞蹈化的基本风格，这种风格既是美的，同时又能表现生活的真实，演员能用一两个极洗练而又极典型的姿势，把时间、地点和特定情景表现出来。例如"趟马"这个动作，可以使人看出有一匹马在跑，同时又能叫人觉得是人骑在马上，是在什么情境下骑着的。如果一个演员在趟马时"心中无马"，光在那里卖弄武艺，卖弄技巧，那他的动作就是程式主义的了。——我们的舞台动作，确是能通过高度的艺术真实，表现出生活的真实的。也证明这是几千年来，经过广大人民运用他们的智慧，一代又一代的，积累而成的优秀的民族表现形式。如果想一下子取消这种动作，代之以纯现实的，甚至是自然主义的做工，那就是取消民族传统，取消戏曲。

中国艺术上这种善于运用舞蹈形式，这种辩证地结合着虚和实的独特的创造手法，也贯穿在各种艺术里面。大而至于建筑，小而至于印章，都是运用虚实相生的审美原则来处理的，而表现出飞舞生动的气韵。《诗经·斯干》那首诗里就是拿舞的姿势来赞美周宣王的宫室，说它"如跂斯翼，如矢斯棘，如鸟斯革，如翚斯飞"。

由舞蹈动作延伸，展示出来的虚灵的空间，构成中国绘画、书法、戏剧、建筑里的空间感和空间表现的共同特征，而造成中国艺术在世界上的特殊风格。它和西洋从埃及以来所承受的几何学的空间感有不同之处。研究我们古典遗产里的特殊贡献，可以有助于人类的美学探讨和艺术理解的进展。

（节选自宗白华《中国艺术表现里的虚和实》）

9. 对"如跂斯翼，如矢斯棘，如鸟斯革，如翚斯飞"的注音或解释，有误的一项是（　　）

A. 出自《诗经·斯干》　　B. 跂（qì）

C. 翼，建筑物的飞檐。　　D. 翚（huī），五彩的山鸡。

10. 概括这段选文的中心意思。

11. 选文说：中国戏曲中“趟马”这个动作，“可以使人看出有一匹马在跑，同时又能叫人觉得是人骑在马上，是在什么情境下骑着的”。中国戏曲类似“趟马”的动作较多，仿照例句，描绘某一戏曲动作的表演过程、状态等。

例句：

推门：演员手脚并用，双手做推门动作，双脚做跨门槛动作。双手推门时的力度，显示门的大小；双脚跨门槛时的幅度，显示门槛的高低。手和脚的动作速度配合面部表情，以彰显人物的缓急、悲喜等心情。

12. 选文说，中国各种艺术善于运用舞蹈形式中“辩证地结合着虚和实的独特的创造手法”，从而造成了中国艺术在世界上的特殊风格。那么，中国电影中人物骑马的镜头，也就可以用中国戏曲中的“趟马”动作来表现了。这一观点对不对？用100字左右的短文阐明你的观点与理由。

（一）

阅读提示

音乐是什么？音乐对人类生活有何关系，有何意义、作用？

“音乐陪伴着我们的灵魂，和我们一起越过生活的各个阶段，和我们同悲共欢、同甘共苦。音乐，在我们快乐的日子像一位天使，在我们艰难困苦的日子里，又像一位怜恤的亲人。”

可见，音乐时刻伴随着我们命运的每一步。

黎巴嫩杰出的散文家、诗人纪伯伦用天籁般诗化语言，为我们揭示了音乐的真谛，诠释了音乐给我们的生活带来的千般滋味。

音乐短章

[黎巴嫩] 纪伯伦①

我坐在我心灵的爱恋者身旁，倾听着她的诉说。我默然无语，静静地听着。我感到在她的声音里有一股令我心灵为之震颤的力量。那电击般的震颤，将我自己与自己分离，于是我的心

① 纪伯伦（1883—1931），黎巴嫩诗人、散文家、画家，被认为是20世纪与泰戈尔比肩的东方文学大师、20世纪杰出的诗人。《音乐短章》是纪伯伦发表的第一部作品，是一篇艺术抒情散文。

飞向无垠的太空，在那里畅游。它看到世界是梦，而躯体是狭窄的囚室。

一种奇异的魔力，汇入我爱人的声音之中，它随心所欲地支配我的情感。因着那让我满足于无言的魔力，我竟疏淡了她的语言。

人们哪，她就是音乐！我听到了她——当我的爱人在某些情词之后叹息时，或在某些情词之中微笑时；我听到了她——当她有时用断断续续的语言，有时用流畅连贯的语言，有时又用留一半于唇间的语言讲述时。

我用人听觉的眼睛，看到了我爱人那颗心的影响。她让我全神贯注于她通过音乐——心灵之声——张扬的感情的瑰宝，而顾不上品尝语言的珍馐。

是的，音乐是心灵的语言，曲调是撩拨感情之弦的阵阵和风。她又是叩击感觉门扉的纤纤素手。她唤醒记忆，这记忆便将曾对其发生过影响的种种往事追求，再现。

音乐是呼唤着的温柔曲调。如果她是凄切的，她就唤回痛苦和忧伤时光的回忆；如果她是欢快的，她就唤回舒朗和欢乐时光的回忆。她将唤回的一切置于想象的册页上。

音乐是令人忧愁的声音的会聚。你听到她，她便让你驻足，使你的心中充满痛苦焦灼，像幽灵幻影为你描绘不幸。

她又是令人欢快的旋律的汇编。你感受她，她便攫住了你的整个身心，于是她在你的胸肋间欢快地跳舞。

她是琴弦发出的铮铮之声，带着以太之波飘入你的耳际。她可能化作一滴热泪，从你的眼里流出，这眼泪是因情人远离的痛苦或时光之齿噬咬的伤口的痛楚引起。她也许化作一个微笑，从你的双唇间绽出，那微笑实际上是幸福和安乐的表征。

她是临终者的躯体：它有灵魂，来自愿望；它有理智，来自心。

……

人出现了，于是音乐启发了他，作为来自上苍的一种语言。和其他语言不同，她讲述的是心灵的隐蕴，在一颗心对另一颗心之间，因为她是心灵的私语。她像爱，其影响遍及人寰。于是沙漠里的荒蛮歌唱吟咏了，宫殿中国王们的前后左右震动了。丧子的母亲把她和自己的哀恸哭号交织在一起，这时她便令铁石心肠者心碎；欢天喜地的人将她与自己的快乐一起传播，这时她便是鼓舞被灾难击倒者的一曲颂歌。她又像太阳，用阳光照活了田野上的所有花卉。

音乐好似明灯，驱赶着心中的黑暗，照亮了心房，使心底隐藏的一切呈现出来。乐曲在我看来，是真正自我的倩影，或是活生生的感觉的幻象。心灵如同明镜，立于世上各种事件和各个行为者面前，反映那些倩影和那些幻象的画面。

……

音乐在大军的前面前进着，走向战争。她更新着他们炽热的决心，鼓舞着他们征战的斗志，像万有引力收聚着他们的散兵游勇，把他们组成不可分开的队伍。诗人没有行进在大队的前面，走向战场，走向那死亡之所，没有。演说家也没有。笔和书不陪伴他们，而是音乐走在他们的前面，像一位伟大的统帅，给他们衰弱的身体以一种难以形容的力量，在他们心中激发出对胜利的热爱之情，从而战胜他们的饥渴和行军的疲劳，全力以赴去战斗。他们跟随在音乐的后面，欢欣鼓舞，跟随着死亡来到恶敌的土地上。就这样，人类的子嗣利用世界上最神圣的事物，去普及世界之恶。

音乐是牧羊人孤独时的伴侣。牧羊人坐在一块岩石上，坐在他的羊群中间，以他的芦笛吹奏他的羊儿听得懂的曲调，于是羊儿乖乖地吃草。对牧人来说芦笛就像一个从不分离的朋友，一个可爱的伙伴，用熙攘的牧场代替了山谷可怕的寂静，用感人的音乐曲调，驱赶了孤独，使空间充满甜蜜与温馨。

音乐引导着旅者的驼轿，减轻旅途的劳顿，缩短漫长道路的距离。于是良驼不再在沙漠荒野行走，除非听到驱赶它们的歌声；驼队不再接受沉重的负载，除非在骆驼脖子上系上驼铃。聪明人在我们这个时代用各种乐曲驯养猛兽，用甜美的歌声驯服它们，这些并不算创举。

……

音乐陪伴着我们的灵魂，和我们一起越过生活的各个阶段，和我们同悲共欢、同甘共苦。音乐，在我们快乐的日子像一位天使，在我们艰难困苦的日子里，又像一位怜恤的亲人。

婴儿从隐秘世界来到我们的世界，接生婆和亲人们用欢乐的歌声迎接了他的出生。欢乐的歌，表示对婴儿来到世上的欢迎。当婴儿见到光明时，用啼哭问候他们，他们则以欢呼来回应他。他们好像以音乐和时间比赛，看谁先告诉他神性的智慧。

婴儿啼哭时，他的母亲走近他，带着自己充满温爱的歌声。他停止了啼哭，因体现了母亲疼爱的曲调而高兴，于是惬意而睡。在母亲的悠扬曲调中，有一种力量，一种催眠的力量，让她的孩子垂下眼帘。她在那些轻柔的曲调中糅进了宁静，于是使曲调更加甜美；抹去了曲调中的畏惧，使之充满慈母气息，直到婴儿克服了不眠，睡着，他的心飞向灵魂的世界。倘若母亲用西塞罗①之舌说话或读伊本·法里德②，孩子是不会入睡的。

一个男子，精心选择了他生活的伴侣，他们的两颗心因婚姻的纽带而合一。他们听从了智慧从一开始就写在他们心上的忠告，于是亲人们和密友们聚在一起，当新婚夫妇在婚礼上缔结良缘时，他们唱起了颂歌和流行曲，让音乐成为证婚人。在聚拢安息之日，我仿佛就是她——一个混杂着甘甜的可怕的声音，一个在上帝创造物中歌颂上帝的声音，一个唤醒沉睡的生命，让它前进，传遍和充满大地的声音。

当死亡来到时，音乐表现出生命故事的另一番场景，我们听到哀伤的声音，我们仿佛看到她用悲痛的阴影充满空间。在那痛苦的时刻，当心灵向这美丽世界的海岸告别并飞向那永恒的大海，将她的物质骨架抛于歌唱者和哭丧者的手中时，他们以哀婉的调子大放悲声，他们给那个物质实体覆盖上湿土，让他在墓中安眠，用带着压抑意味的声调和表示忧伤焦灼的歌声——只要黄土在黄土之上，他们就不断重复着那些曲调，为他送殡。一旦它们变得陈旧，只要心念着已逝者，它们的回声就依然长留在人们的细胞里。

（选自《纪伯伦散文诗精选》，伊宏等译，中国戏剧出版社2005年版，引用时有删节）

想一想

读了本文以后，谈谈你对音乐的认识。

---

① 西塞罗（前106—前43），罗马最杰出的演说家、教育家，古典共和思想最优秀的代表，罗马文学黄金时代的天才作家。

② 伊本·法里德（1181—1235），阿拉伯古代诗人。

（二）

《唐诗三百首》

我许多次想就《唐诗三百首》写点什么，但许多次都住手了。我不太敢轻易碰这本书。对于我们来说这本书太不寻常了，它乃是我们精神的源泉和归宿，它是我们灵魂的一部分。“春眠不觉晓”“床前明月光”，是我们生于人世最早倾听的声音，我们通过这本书所赋予的感觉来体味世界，体味美丽、缺憾和爱。其实这本书不过是清朝一个自由选家随意辑成的选本，但在它与我们的生命发生那么深的纠葛之后，它在我们看来就是一种必然，就是一种不可更易的天赐。第一首诗是“兰叶春葳蕤，桂华秋皎洁”，就只能是这首诗而不能是别的什么。我手头的版本是中华书局1979年印刷的1959年新一版，翻开来每一页都是那么亲切。

唐诗的时代早已经久远了，但我们今天读起《唐诗三百首》仍觉得那样贴近；所以我相信唐诗的位置不是时间性的而是空间性的：即使在20世纪，它的意义仍不在于它属于中古而在于它属于中国。最让我印象深刻的是唐诗中的地名。唐诗中地名出现得极其频繁，“渭川田家”“春泛若耶溪”“秋登兰山寄张五”“夏日南亭怀辛大”，俯拾即是；地名甚至融进诗句：“落日欲没岘山西”“洛阳女儿对门居”“昔闻洞庭水，今上岳阳楼”……地名入诗到了浑然不觉的程度，使人感到在这些诗人眼中，他们居住的村落、城市、家园与日月星辰、春夏秋冬一样的永恒。他们的生命带着鲜明的地域性，脱离开这块土地就无法想象他们的存在。他们毫不踌躇地就把生命依托于这片土地，这里的山川草木都成了他们不可缺少的生命内容。他们在这块有限的土地上展开了他们无限的情感与愿望。你能离开“巴山夜雨”想象他们的爱情吗？能离开“燕台”和“玉门”想象他们的雄心吗？就连最有想象力的李白，他的梦中幻想也寄托于台州的天姥山。或许你可以指出他们人生的局限，他们没有但丁《神曲》所代表的视野和精神漫游，他们甚至把神话也坐实在蓬莱和昆仑山上，然而他们的人生却并不浅陋，可以说他们充分体验了人生与人性的深度。他们执着于这一方烟火，把生命落到实处，与立足的土地和一种不可分离的亲情，使人生变为真切而具体的过程。

中国使唐诗“实”化了，而唐诗则使中国诗化了。我在中国旅行，每到一个地方，比如说扬州，比如说敦煌，我就会自然而然地想起我从小在《唐诗三百首》中读过的诗句“春风十里扬州路”“春风不度玉门关”，好像我们这一生的中国旅行就是为了印证我们的童年读物《唐诗三百首》。而正是有了这种印证，中国无数大大小小的地方对我们来说就不单单是一片风景，它还是一段历史、一种境界、一种终于相认的亲缘。《唐诗三百首》使我们与中国紧紧相连。也许我们会走遍世界，但只要我们还活着，只要我们还保留着对生命的热爱和对美的憧憬，我们最终必将回到这片土地，在这里承担起杜甫和杜牧、李白和李商隐所赋予我们的情感与使命。

（选自李书磊《唐诗三题》，《文学自由谈》1992年第1期）

1. 下列加点字词注音或解释，有错误的一项是（　　）

A. 葳（wēi）蕤（ruí）　　频繁：（次数）多。

B. 蓬莱（lái）　　憧憬：向往。

C. 岘（jiàn）　　　　　浅陋：（见识）贫乏。

D. 敦煌（huáng）　　　　缺憾：不够完美、令人感到遗憾。

2. 下列各句中，使用修辞手法的一项是（　　）

A. 好像我们这一生的中国旅行就是为了印证我们的童年读物《唐诗三百首》。

B. 我在中国旅行，每到一个地方，比如说扬州，比如说敦煌……

C. 也许我们会走遍世界，但只要我们还活着，只要我们还保留着对生命的热爱和对美的憧憬，我们最终必将回到这片土地，在这里承担起杜甫和杜牧、李白和李商隐所赋予我们的情感与使命。

D. 你能离开“巴山夜雨”想象他们的爱情吗？能离开“燕台”和“玉门”想象他们的雄心吗？

3. 根据文中引用的两句诗句，将这两首诗的其他三句补全，并对应说出它的作者。

春眠不觉晓，________________

这首诗的作者：________

床前明月光，________________

这首诗的作者：________

4. 作者为什么说《唐诗三百首》“是我们精神的源泉和归宿”？用文中的原话回答。

____

____

5. 第2自然段中说：“最让我印象深刻的是唐诗中的地名。”下列各项中，不能说明这一观点的一项是（　　）

A. 唐诗中地名出现得极其频繁。

B. 地名入诗到了浑然不觉的程度。

C. 这里的山川草木都成了他们不可缺少的生命内容。

D. 或许你可以指出他们人生的局限。

6. 下列各项中，对“中国使唐诗‘实’化了”中的“‘实’化”理解，准确的一项是（　　）

A. 中国让唐诗变成实实在在的东西。

B. 中国印证了唐诗，中国就是唐诗，唐诗就是中国，中国与唐诗是互通的。

C. 中国无数大大小小的地方对我们来说就不单单是一片风景，它还是一段历史、一种境界、一种终于相认的亲缘。

D. 唐朝诗人尽管有梦中幻想，但他们把生命、情感和愿望寄托于“中国”这片土地。

7. 下列各项中，对“而唐诗则使中国诗化了”中的“诗化”理解，准确的一项是（　　）

A. 我在中国旅行，每到一个地方，比如说扬州，比如说敦煌，我就会自然而然地想起我从小在《唐诗三百首》中读过的诗句“春风十里扬州路”“春风不度玉门关”，好像我们这一生的中国旅行就是为了印证我们的童年读物《唐诗三百首》。

B. 唐诗使中国无数大大小小的地方对我们来说就不单单是一片风景，它还是一段历史、一种境界、一种终于相认的亲缘。

C.《唐诗三百首》使我们与中国紧紧相连。

D. 也许我们会走遍世界，但只要我们还活着，只要我们还保留着对生命的热爱和对美的憧憬，我们最终必将回到这片土地，在这里承担起杜甫和杜牧、李白和李商隐所赋予我们的情感与使命。

8. 对“《唐诗三百首》使我们与中国紧紧相连”这句话，理解有误的一项是（　　）

A. 唐诗中地名出现得极其频繁，读《唐诗三百首》就让我们想到了中国。

B.《唐诗三百首》“是我们精神的源泉和归宿”，因而容易引起情感上的共鸣。

C.《唐诗三百首》影响着我们，让我们与立足的土地有一种不可分割的亲情。

D.《唐诗三百首》使我们在这片土地上，展开自己的情感与愿望。

9. 下列是某职业学校二年级学生会举办的“《唐诗三百首》与我们”讨论会的会议纪要。运用你掌握的知识，指出格式上存在的错误。

某职业学校二年级学生会“《唐诗三百首》与我们”讨论会会议纪要

时间：2015 年 5 月 10 日下午

地点：2014 级电子技术应用（2）班教室

出席者：××× ××× ××× ××× ×××

记录人：×××

讨论议题：

1. ……

2. ……

3. ……

……

与会人员经过会议讨论认为：

1. ……

2. ……

10. 作者在文中说，《唐诗三百首》“是我们精神的源泉和归宿”“《唐诗三百首》使我们与中国紧紧相连”。可见唐诗已不仅仅是一种文学现象，它不仅影响着中国人的昨天，还将影响着中国人的今天、明天，正如作者所说：“也许我们会走遍世界，但只要我们还活着，只要我们还保留着对生命的热爱和对美的憧憬，我们最终必将回到这片土地，在这里承担起杜甫和杜牧、李白和李商隐所赋予我们的情感与使命。”

选读一首唐诗，以“读唐诗《×××》有感”为题，写一篇读后感。

要求：① 观点鲜明，论述正确；② 不少于 400 字。

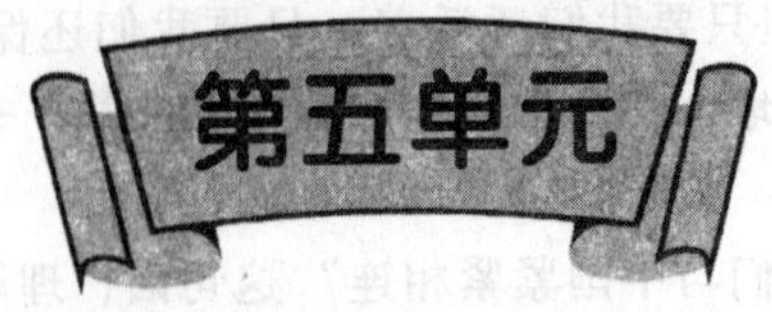

第五单元

二十一 想北平

一、基础知识应用

1. 下列加点字的注音，全部正确的一项是（　　）

A. 黏（zhān）合　积凑（còu）　匀调（tiáo）　翩（piān）翩

B. 辜（gū）负　啼（dì）叫　俊（jùn）伟　悠（yōu）然

C. 菜圃（fǔ）　寂（jì）苦　苇（wěi）叶　僻（pì）静

D. 空旷（kuàng）　赐（cì）给　疲（pí）乏　什刹（chà）海

2. 依次填入下列横线处的字，最恰当的一项是（　　）

真______成为诗人，把一切好听好看的字都______在自己的心血里，像杜鹃似的______出北平的俊伟。

A. 愿　浸　啼　　B. 想　浸　啼　　C. 愿　浸　唱　　D. 想　刻　啼

3. “以此类推，我所知道的那点只是‘我的北平’，而我的北平大概等于牛的一毛。”用了什么修辞手法？（　　）

A. 比喻　夸张　　B. 比喻　引用　　C. 引用　夸张　　D. 拟物　夸张

4. 下面各句中，没有语病的一项是（　　）

A. 小王看到我们非常高兴，就把我们拉到他的办公室聊天。

B. 校长完全采纳两个同学的合理化建议。

C. 他背着总经理和副总经理偷偷地把这笔钱分别存入了几家银行。

D. 为了避免今后再发生类似错误，我们应该努力改进落后的工作方法。

5. 有关“证明与反驳”的表述，不正确的一项是（　　）

A. 在议论文中，论证是解决“如何证明”的问题。论证包括证明和反驳两种方式，即人们常说的立论和驳论。

B. 证明就是作者正面阐述自己的观点，用可靠的材料和符合逻辑的推理，来确定观点的真实性和正确性。

C. 反驳，是作者设法证明对方论点的虚假或错误，从而驳倒对方，证明自己观点、见解的正确。

D. 一般来说，证明是由论点、论据和论证构成的。而反驳时只能从反驳论点或反驳论据入手。

6. 下列有关课文的表述，不正确的一项是（　　）

A. 本文选自《乡风市声》，作者老舍的代表作有《骆驼祥子》《茶馆》等。

B. 《想北平》中，老舍写出了属于他心中的北平，表达了对北平的无限眷恋之情。

C. 文中，老舍将自己对北平的爱喻为对母亲的爱，这不仅恰当地道出了对北平爱得真切和深沉，也很容易打动读者的心。

D. 对故土的依恋、相思是贯穿全文的情感主线。“这个爱几乎是想说而说不出”是全文的文眼。

二、阅读与表达能力训练

阅读下面的文字，完成 7—15 题。

（一）

伦敦、巴黎、罗马与堪司坦丁堡，曾被称为欧洲的四大“历史的都城”。我知道一些伦敦的情形，巴黎与罗马只是到过而已；堪司坦丁堡根本没有去过。就伦敦、巴黎、罗马来说，巴黎更近似北平，不过，假使让我“家住巴黎”，我一定会和没有家一样地感到寂苦。巴黎，据我看，还太热闹。虽然那里也有空旷静寂的地方，可是又未免太旷，不像北平那样既复杂而又有个边际，使我能摸着——那长着红酸枣的老城墙！面向着积水滩，背后是城墙，坐在石上看水中的小蝌蚪或苇叶上的嫩蜻蜓，我可以快乐地坐一天，心中完全安适，无所求也无可怕，像小儿安睡在摇篮里。是的，北平也有热闹的地方，但是它和太极拳相似，动中有静。巴黎有许多地方使人疲乏，所以咖啡与酒是必要的，以便刺激；在北平，有温和的香片茶就够了。

…………

是的，北平是个都城，而能有好多自己产生的花、菜、水果，这就使人更接近了自然。从它里面说，没有像伦敦的那些成天冒烟的工厂；从外面说，它紧连着园林、菜圃与农村。采菊东篱下，在这里，确是可以悠然见南山的。像我这样的一个贫寒的人，或许只有在北平才能享受一点清福吧。

好，不再说了吧，要落泪了。真想念北平呀！

7. 选文第 1 自然段，运用了哪种手法？突出了北平的什么特点？表达了作者怎样的感情？

____

____

____

8. “像小儿安睡在摇篮里”的“摇篮”是比喻的说法，具体指什么？所指内容在特征方面与“摇篮”有何相似之处？

____

____

____

9. “采菊东篱下，在这里，确是可以悠然见南山的”出自________（作者）的________（诗名），原句是________________

10. 找出文中与“假使让我‘家住巴黎’，我一定会和没有家一样地感到寂苦”对比着写的一个句子。

____

____

11. 文章以“要落泪了。真想念北平呀”收笔，好在哪里？

____

____

____

（二）

故乡存留了我们的童年，或者还有青年和壮年，也就成了我们生命的一部分，成了我们自己。它不是商品，不是旅游的去处，不是按照一定价格可以向任何顾客出售的往返车票和周末消遣节目。故乡比任何旅游景区多了一些东西：你的血、泪，还有汗水。故乡的美丽总是含着悲伤。而美的从来就是悲的。中国的“悲”含有眷顾之义，美使人悲，使人痛，使人怜，这已把美学的真理揭示无余。在这个意义上来说，任何旅游景区的美都多少有点不够格，只是失血的矫饰。

我已来过法国三次，这个风雅富贵之所，无论我这样来多少次，我也只是一名来付钱的观赏者。我与这里的主人碰杯、唱歌、说笑、合影、拍肩膀，我的心却在一次次偷偷归去。我当然知道，我会对故乡浮粪四溢的墟场失望，会对故乡拥挤不堪的车厢失望，会对故乡阴沉连日的雨季失望，但那种失望不同于对旅泊之地的失望，那种失望能滴血。血沃之地将真正生长出金麦穗和赶车谣。

故乡意味着我们的付出——它与______不是一回事。只有艰辛劳动过、奉献过的人，才真正拥有故乡，才真正懂得古人“游子悲故乡”的情怀——无论这个故乡烙印在一处还是多处，在祖国还是在异邦。没有故乡的人身后一无所有。而萍飘四方的游子无论是怎样贫困潦倒，他们听到某支独唱曲时突然涌出热泪，便是他们心有所归的无量幸福。

（节选自韩少功《我心归去》，山东文艺出版社 2001 年版）

12. 填入第 3 自然段空缺处的词语，最恰当的一项是（　　）

A. 他乡　　B. 异域　　C. 出生地　　D. 家乡

13. 对第 1 自然段中“美学的真理”理解正确的一项是（　　）

A. 痛苦与美好是相辅相成的。

B. 付出了自己的辛劳与心血的地方才有美。

C. 悲剧的美是人世间最高尚的美。

D. 不能使人悲伤的美都是不够格的美。

14. 第 2 自然段中画线的文句比较了对家乡与对旅泊之地的两种不同的失望，对这两种失望理解正确的一项是（　　）

A. 对家乡的失望是一种期盼，它源于深切的爱；对旅泊之地的失望是一种置身事外的旁观。

B. 对家乡的失望是一种期盼，它源于深切的爱；对旅泊之地的失望是爱家乡的延伸与扩张。

C. 对家乡的失望是一种劳而无获的失落；对旅泊之地的失望是一种置身事外的旁观。

D. 对家乡的失望是一种劳而无获的失落；对旅泊之地的失望是爱家乡的延伸与扩张。

15. 对第 3 自然段中“只有艰辛劳动过奉献过的人，才真正拥有故乡”一句，理解正确的

一项是（　　）

A. 没有为故乡做出贡献的人是没有故乡的。

B. 人应该留在故乡为故乡的建设做贡献。

C. 曾经为故乡付出的人才能深深地体会故乡的含义。

D. 只要是自己曾经付出过的地方便是自己的故乡。

二十二　世界是平的，世界是通的

一、基础知识应用

1. 下列加点字的注音，有错误的一组是（　　）

A. 颠簸（bǒ）　　深邃（suì）

B. 奢（shē）侈　　鼎（dǐng）盛

C. 毋（wú）庸　　相悖（bèi）

D. 参（shēn）透　　匮（kuì）

2. 下列词语的解释，错误的一项是（　　）

A. 革故鼎新：去掉旧的，建立新的。多指改朝换代或重大变革。

B. 毋庸讳言：指用不着隐讳，可以直说的内容。毋庸，无须。

C. 深邃：深奥。邃，精深。

D. 不啻：只有。

3. 对下列各句使用的修辞手法的判断，错误的一项是（　　）

A. 一条在陆路，商队翻过崇山峻岭，穿越于戈壁沙漠，声声驼铃回荡遥无涯际的漫长旅程；一条在海洋，商船出征碧海蓝天，颠簸于惊涛骇浪，点点白帆点缀波涛汹涌的无垠海面。（对仗）

B. 商路连接了市场，连起了心灵，联结了文明。（排比）

C. 如果将丝绸之路比喻为中国腾飞的两只翅膀……（拟人）

D. 一个又一个宗教诞生了，一种又一种语言得以升华，一个又一个雄伟的国家兴衰荣败，一种又一种文化样式不断丰富。（排比）

4. 下列句子中标点符号的使用，有错误的一项是（　　）

A. 丝绸之路打破了族与族，国与国的界限，将人类四大文明——埃及文明、巴比伦文明、印度文明、中华文明串连在一起，商路连接了市场，连起了心灵，联结了文明。

B.《西方文明的东方起源》一书中，回答了这些疑问：“东方化的西方”即“落后的西方”如何通过“先发地区”的东方，捕捉人类文明的萤火，一步步塑造领导世界的能力。

C. 正是在与世界其他文明持续的交流互鉴中，中华文明不断发展壮大；也正是在中华文明不断走出去的过程中，世界文明得以丰富和繁荣。

D. 美国学者弗里德曼说，世界是平的。

二、阅读与表达能力训练

阅读下面文字，完成5—12题。

（一）

正是在丝绸之路上，东西方文明显示出探知未知文明样式的兴奋，西方历史学家尤其如此。古老神秘的东方文明到底孕育着人类的哪些生机？又将对西方文明产生怎样的动力？英国学者约翰·霍布森在《西方文明的东方起源》一书中，回答了这些疑问："东方化的西方"即"落后的西方"如何通过"先发地区"的东方，捕捉人类文明的萤火，一步步塑造领导世界的能力。

正是在丝绸之路上，①西汉张骞两次从陆路出使西域，中国船队在海上远达印度和斯里兰卡；②唐代对外通使交好的国家达70多个，来自各国的使臣、商人、留学生云集长安；③15世纪初，航海家郑和七下西洋，到达东南亚诸多国家，远抵非洲东海岸肯尼亚，留下了中国同沿途各国人民友好交往的佳话；④明末清初，中国人民积极学习近代科技知识，欧洲天文学、医学、数学、几何学、地理学纷纷传入中国，开阔了中国人的视野。之后，中外文明交流互鉴更是频繁展开。

正是在丝绸之路上，世界其他文明也在吸取中华文明的营养之后变得更加丰富、发达。源自中国本土的儒学，早已走向世界，成为人类文明的一部分。佛教传入中国后，同儒家文化和道家文化融合发展，形成了具有中国特色的佛教文化和理论，并传播到日本、韩国及东南亚，对这些国家的哲学、艺术、礼仪等产生了深刻影响。中国的造纸术、火药、印刷术、指南针四大发明带动了整个世界的革故鼎新，直接推动了欧洲的文艺复兴。中国哲学、文学、医药、丝绸、瓷器、茶叶等传入西方，渗入西方民众日常生活之中。

5. 语段的第3自然段的中心句是什么？

____

____

6. 下列对语段中运用的修辞手法的判断，正确的一项是（　）

A. 排比　引用　拟人　比喻　　B. 排比　引用　拟人　借喻

C. 比喻　排比　引用　并列　　D. 并列　排比　引用　借喻

7. 下列对语段中画线句子的理解，有错误的一项是（　）

A. 叙述了自西汉到明末清初期间，丝绸之路促进中外文明交流互鉴的历史。

B. 4个分句的内容是以时间顺序叙述的。

C. 第①句是说，西汉张骞两次从陆路出使西域，并带领中国船队在海上远达印度和斯里兰卡。

D. 第④句是说，丝绸之路让中国也学习到了西方的先进科技知识。

（二）

落其实者思其树，饮其流者怀其源。中华民族生生不息绵延发展、饱受挫折又不断浴火重生，都离不开中华文化的有力支撑。中华文化不仅是个人的智慧和记忆，而且是中华民族的集体智慧和集体记忆，是我们在未来道路上寻找家园的识路地图。中华民族的子子孙孙像种子一样飘向世界各地，但是不论在哪里，不论是何时，只要我们的文化传统血脉不断、薪火相传，我们就能找到我们的同心人——那些似曾相识的面容、那些久远熟悉的语言、那些频率相近的心跳、那些浸润至今的仪俗、那些茂密茁壮的传奇、那些心心相印的瞩望，这是我们中华民族识路地图上的印记和徽号。今天，我们有责任保存好这张识路地图，并将它交给我们的后代，交给我们的未来，交给与我们共荣共生的世界。

8. 解释“落其实者思其树，饮其流者怀其源”的含义。

______

______

9. 说说选文中加点“这”所指代的内容。

______

______

10. 下列各句使用的修辞手法，与例句使用的修辞手法不同的一句是（　　）

例句：连接了市场，连起了心灵，联结了文明。

A. 不论在哪里，不论是何时。

B. 那些似曾相识的面容、那些久远熟悉的语言、那些频率相近的心跳、那些浸润至今的仪俗、那些茂密茁壮的传奇、那些心心相印的瞩望。

C. 交给我们的后代，交给我们的未来，交给与我们共荣共生的世界。

D. 从历史中，我们能够更好地看清世界、参透生活、认识自己。

11. 概括选文的主旨。

______

______

______

二十三　中国画与西洋画

一、基础知识应用

1. 下列加点字的注音，全部正确的一项是（　）

A. 神韵（yùn）　衣褶（zhě）　模（mǒ）仿　曲廊（láng）

B. 皴（qūn）法　大碍（ài）　悬（xuán）挂　删（shān）除

C. 眺（tiào）望　琐（suǒ）碎　骨骼（gé）　解剖（pōu）

D. 填涂（tú）　挥洒（shǎ）　连绵（mián）　纤（qiān）丽

2. 下列各项中，没有错别字的一项是（　）

A. 中国画的立辐，山水重重叠叠，好像是飞机中所看见的。

B. 中国画重传神，故必删除琐碎而特写其主题，以求印象的强明。

C. 试看西洋画中的市街、房屋、家具、器物等，形状都很正确，竞同真物一样。

D. 故中国画中的男子，相貌奇古，身首不称。女子则峨眉樱唇，削肩细腰。

3. 填入下句横线处的词语，最恰当的一项是（　）

盖中国书画同源，作画同写字一样，________，披露胸怀。

A. 随意挥洒　　B. 任意表现　　C. 随心所欲　　D. 无拘无束

4. 下列各句中，不存在语序不当错误的一句是（　）

A. 车间在没有增加人员的情况下，我们调动群众积极性，超额完成了生产任务。

B. 过去产品质量不是比沿海的低，就是成本比沿海的高。

C. 教育是知识传播和应用、创新的主要基地，也是培育创新精神和创新人才的摇篮。

D. 巴甫洛夫整天忙于做各种动物的条件反射试验，把动物用绳子缚在试验的架子上。

5. 下列各句中，语言运用得体的一项是（　　）

A. 这是你家母托我买的，您直接交给她老人家就行了。

B. 老先生说得有道理，领教领教！

C. 我们家家教很严，令尊常常告诫我们，到社会上要清清白白做人。

D. 请留步，足下就此告别。

6. 下列表述不正确的一项是（　）

A. 中国画不像实物，而西洋画很像实物。

B. 中国画中有时透视法会弄错，西洋画非常讲究透视法。

C. 就人物画来说，中国画重写实，西洋画求神似。

D. 中国画题材以自然为主，西洋画题材以人物为主。

7. 下列有关课文的表述，不正确的一项是（　）

A. 本文选自《丰子恺论艺术》，作者丰子恺是我国著名的散文家、画家。

B. 全文采用并列结构，阐释了中国画与西洋画的区别。

C. 作者从 5 个方面介绍了中国画与西洋画的区别。

D. 为突出中国画与西洋画的异点，文中大量运用了比较的方法。

二、阅读与表达能力训练

阅读下面的文字，完成 8—15 题。

（一）

中国画不重背景，西洋画很重背景。中国画不重背景，例如写梅花，一枝悬挂空中，四周都是白纸。写人物，一个人悬挂空中，好像驾云一般。故中国画的画纸，留出空白余地甚多。很长的一条纸，下方描一株菜或一块石头，就成为一张立幅。西洋画就不然，凡物必有背景，例如果物，其背景为桌子。人物，其背景为室内或野外。故画面全部填涂，不留空白。中国画与西洋画这点差别，也是由于写实与传神的不同而生。西洋画重写实，故必描背景。中国画重传神，故必删除琐碎而特写其主题，以求印象的强明。

东洋画题材以自然为主，西洋画题材以人物为主。中国画在______以前，也以人物为主要题材。但到了______，山水画即独立。一直到今日，山水常为中国画的正格。西洋自______时代起，一直以人物为主要题材。中世纪的宗教画，大都以群众为题材。例如《最后的审判》《死之胜利》等，一幅画中人物不计其数。直到 19 世纪，方始有独立的风景画。风景画独立之后，人物画也并不让位，裸体画在今日仍为西洋画的主要题材。

上述5条，是中国画与西洋画的异点。由此可知中国画趣味高远，西洋画趣味平易。故为艺术研究，西洋画不及中国画的精深。为民众欣赏，中国画不及西洋画的普通。

8. 在选文第2自然段横线处填上合适的词语。

9. 找出选文第1、2自然段的中心句。

10. 作者认为中国画留有空白而西洋画不留空白的原因是什么？

11. 作者为什么说“故为艺术研究，西洋画不及中国画的精深。为民众欣赏，中国画不及西洋画的普通”？

（二）

中国古代的国画艺术几乎没有经过临产期的阵痛便融入了中国现当代文化系统，并且在中国现当代文化系统中继续创造了中国绘画艺术的新高峰。

中国画在近现代的发展中，国画界公认为有两个大的系统，一是“传统型”系统，一是“融合型”系统，前者走的是“取今复古”“以复古为革新”的道路，后者走的是借鉴西方美术改革自己、发展自己的道路，而在这两个大的系统中，取得了更突出成就的是“传统型”系统。为什么会是这样？在这里，有一个中国画存在的基本根据的问题，它的根据不是传统的封建政治统治，不是传统的伦理道德，不是任何与中国文化现代化相冲突的东西。它的存在根据就是中国知识分子自我表现的欲望，就是人类创造美的才能，就是人类欣赏美、接受美的创造的要求。在这一点上，它与西方美术没有本质的区别，与中国现当代文化要求也没有根本的区别。它与西方美术的区别是在工具、材料的差别上。由于这种差别，使中国画和西洋画所创造出来的美的形态是不可能相同的，也不能相同。它的根据不是中国人一定要继承中国的传统，一定不能接受西方文化的影响，而是每一种美的形态都必须具备自己的个性，在自己独立个性的基础上发展。中国现当代国画家与现代西洋画家使用着不同、而与中国古代画家相同的工具和材料，因而中国古代绘画传统对于中国现当代国画家仍有更直接的借鉴作用。

中国画艺术的创作是个人性的，个人人生感受、时代感受、审美感受的任何一种变化，在一个杰出的画师那里，都能够以特定的形式转化为绘画艺术风格的变化。它的灵活性、自由性使它在任何时代都无法绝对凝固起来，失去发展变化的机制。时至今日，它在向国际化的方向发展中，也较之京剧、地方戏有更快的速度和更大的规模。它在现当代社会遇到的唯一困难是西画的竞争，由于中国画是一种独特的艺术形式，是为西画所不能代替的，所以它的存在与发展并不会由此产生根本的危机。我认为，从总的特点上说来，中国画是与背景融为一体的，西洋画是从背景上走出来的；中国画容受你，西洋画争取你；中国画使你的心情趋于平静，西洋画使你的精神受到震动。即使在现当代社会，这仍是人类的两种不同的审美需要。由于这种不同，它们将分别占有不同的空间，满足人们不同的审美需要。中国画将永久性地成为绘画艺术的一种独立的形式。它将继续存在着，因而也会不断有变化、有发展。

（节选自王富仁《中国传统文化与现代社会》，《文艺争鸣》1997 年第 4 期，有删节）

12. 根据文章，以下说法不正确的一项是（　　）

A. 中国画与各种艺术形态一样，也必须具备自己的个性，在自己独立个性的基础上发展。

B. 中国画的杰出画师总是能够将自己对人生、时代、审美的感受，以特定形式转化为自己的创作风格。

C. 中国画至今仍能比中国其他一些艺术形式以更快的速度和更大的规模向国际化的方向发展。

D. 欣赏中国画，你的心情就会趋于平静；而欣赏西洋画，你的精神就会受到震动。

13. 中国画现当代“传统型”系统比“融合型”系统取得了更突出成就的主要原因是（　　）

A. 中国现当代“传统型”系统国画的基本根据不是传统的封建政治统治和伦理道德，不与中国文化现代化相冲突。

B. 中国现当代“传统型”系统国画与西方美术存在的基本依据没有本质的区别。

C. 中国现当代“传统型”系统国画所创造出来的美的形态和西洋画不相同。

D. 中国现当代“传统型”系统国画家使用着与现代西洋画家不同而与中国古代画家相同的工具和材料。

14. 近现代中国国画界发展中出现的“传统型”和“融合型”两个系统的创作思想有哪些异同？

____

____

____

15. 作者最后说：“中国画将永久性地成为绘画艺术的一种独立的形式。”请概括作者做出这种判断的理由。

____

____

____

二十四　古希腊的石头

一、基础知识应用

1. 给下列加点字注音。

（1）暧昧________　（2）亢奋________　（3）龟裂________

（4）篝火________　（5）泯灭________　（6）废墟________

2. 下列各项中，字形完全正确的一项是（　）

A. 坚韧　　悠远　　翻滚　　神彩焕发

B. 振撼　　葱茏　　和谐　　浩无际涯

C. 聆听　　班驳　　神弛　　炯炯有神

D. 隧道　　由衷　　沟槽　　五彩缤纷

3. 下列句子中，加点词语的解释错误的一项是（　　）

A. 被时光筛子筛下来只有这些破碎的房宇、残垣败壁、断碑，兀自竖立的石柱，东一个西一个的柱头或柱础。（残垣败壁：残缺不全的墙壁。）

B. 同时，我还发现所有雕像的眼睛都睁得很大，眉清目朗，比我的眼睛更亮！（眉清目朗：形容容貌俗气。）

C. 他们做得小心翼翼，好像这些石头在他们手中依然是活着的需要呵护的生命。（小心翼翼：形容举动十分谨慎，丝毫不敢疏忽。）

D. 可是如今我们看到了，石头并非坚不可摧。（坚不可摧：非常坚固，摧毁不了。）

4. 下列各项中，破折号使用错误的一项（　　）

A. 甚至叫我想起爱琴海的名字来源于爱琴王——那个悲痛欲绝的故事。

B. 它叫我神驰万里，一下子感到世纪前丝绸之路上那段早已逝去的令人神往的历史——从亚历山大东征到希腊人在犍陀罗为原本没有偶像崇拜的印度人雕刻佛像，再到佛教东渐与中国化的历史——陡然地掉转过头，五彩缤纷地扑面而来。

C. 但如果你留意，便会发现时间原来就停留在所有古老的事物上。比如那深幽的树洞、凹陷的老街、泛黄的旧书、磨光的椅子、手背上布满沟样的皱纹，还有晶莹而飘逸的银发——它们不是全都带着岁月和时间深情的美感吗？

D. 凡是懂得这一层美感的，就绝不会去将古物翻新，甚至做更愚蠢的事——复原。

5. 下列语句中，加点的成语使用错误的一项是（　　）

A. 希腊考古博物馆是举世闻名的。

B. 教室内静悄悄的，同学们正炯炯有神地听老师讲课。

C. 他，天庭饱满，器宇轩昂，一看就不是平凡之辈。

D. 好大一阵子，我才战战兢兢地走过去，用电筒一照，嗨！不过是只老鼠而已！

6. 依次填入下列各句横线处的词语，最恰当的一项是（　　）

① 这也是一种文化美。因为古老的文化都具有______的时间的意味。

② 谢里曼说，在______出这些震惊世界的迈锡尼宝藏的当夜，他在这荒凉的遗址上点起篝火。

③ 他们绝对不让我们的______受到任何现代事物的干扰。

A. 悠远　　挖掘　　视力　　　　B. 悠久　　发掘　　视力

C. 悠远　　发掘　　视野　　　　D. 悠久　　挖掘　　视野

7. 下列有关课文的表述，不正确的一项是（　　）

A. 在作者的眼中，“石头”就是文化的使者，因此，作者在文章标题中用比喻的手法表明了写作对象：古希腊文化。

B. 在文中，作者写这些记载着历史文化气息的石头——雕像、石碑、石柱等，是为了歌颂古希腊人的聪明智慧和创造的古希腊文化。

C. 这篇文化游记以希腊人对待石头（古物）的正确态度和方法启示我们：要珍视历史，不更改历史。

D. 从文中可看出，作者更关注的是古希腊文明与中国古代文明的千丝万缕的联系，更关心的是民族文化与世界文化的融合与并存。

二、阅读与表达能力训练

阅读下面的文字，完成8—15题。

（一）

然而，我发现希腊到处全是这种石头。希腊人说他们最得意的三样东西就是：阳光、海水和石头。从德尔菲的太阳神庙到苏纽的海神庙，从埃皮达洛夫洛斯的露天剧场到迈锡尼的损毁的城堡，它们简直全是巨大的石头的世界。可是这些石头早已经老了。它们残缺和发黑，成片地散布在宽展的山坡或起伏的丘陵上。数千年前，它们曾是堆满财富的王城，聆听神谕的圣坛或人间英雄们竞技的场所。但历史总是喜新厌旧的。被时光筛子筛下来只有这些破碎的房宇、残垣败壁、断碑，兀自竖立的石柱，东一个西一个的柱头或柱础。

尽管无情的历史遗弃它，有心的希腊人却无比珍惜它。他们保护这些遗址的方式在我们看来十分奇特，他们绝不去动一动历史遁去之后的“现场”。一根石柱在一千年前倒在哪里，今天绝不去把它扶立起来。因为这是历史的本来面目。尊重历史就是不更改历史。当然他们又不是对这些先人的创造不理不管。常常会有一些“文物医生”拿着针管来，为一些正在开裂的石头注射加固剂，或者定期清洗现代工业造成的酸雨给这些石头带来的污迹。他们做得小心翼翼，好像这些石头在他们手中依然是活着的需要呵护的生命。

他们使我们认识到，每一块看似冰冷的古老的石头，其实并没有死亡，它们犹然带着昔时的气息。它们各自不同的形态都是历史的表情，石头上的残痕则是它们命运的印记与年龄的刻度。认识到这些，便会感到我们已身在历史中间。如果你从中发现到一个非同寻常的细节，那就极有可能是神奇的时间隧道的洞口了。

8. “尽管无情的历史遗弃它，有心的希腊人却无比珍惜它。”这句话在结构上有什么作用？

9. 有心的希腊人为何绝不去动一动历史遁去之后的“现场”？

10. 文中说，古老的石头“各自不同的形态都是历史的表情”。你是怎样理解“历史的表情”的？

（二）

终于来到奥林匹亚。

没想到这个全人类的体育圣地会有这么好的风景……一脚踏入圣地，你一定会猛然停步，因为被一种阵势吓着了：无数苍老的巨石，不管是当年的楼础、殿基还是雕塑，全都从千年的颓废或掩埋中踉跄走出，整整齐齐地排列在大道两旁。就像无数古代老将军烟尘满面地站立着，接受现代人的检阅。

这条大街看不到尽头，只知道它通向一个最简单的终点：为人类的健康。

…………

漫步在奥林匹亚，我很少说话，领受着不轻的文明冲撞。我们也有灿烂的文化，但把健康的概念如此强烈地纳入文明，并被全人类接受，实在是希腊文明值得我们永远仰望的地方。古代希腊追求人的双重健康：智力的健康和肢体的健康。智力的健康无须多言，正如一些西方学者所说，在哲学、伦理学、逻辑学、数学、美学、医学、法学等领域，我们至今仍是用希腊的基础话语在思考；肢体的健康更有一系列强大的证明，例如今天全世界还在以奥林匹克和马拉松的名义进行体育竞赛，希腊的人体雕塑至今仍是人类形体美无可企及的标本。

别的文明多多少少也有这两方面的提倡，但做起来常常顾此失彼，或流于愚勇，或流于酸腐，或追慕骑士，或仿效寒士，很少构想两相熔铸、两相提升的健全状态。因此，奥林匹亚是永恒的世界坐标。

我历来认为各种伟大的文明都自成结构，很难拆开了做局部比较，但在奥林匹亚，我明确无误地感受到了古代中华文明的差距，而这个差距的产生，不是由于局部，而是关及人的整体。中华文明较少关注个体意义和机体意义上的自我，在人际关系上做了太多的文章。结果，真正的健全缺少标志，缺少赛场，只有一些孤独的个人，在林泉间悄悄强健，又悄悄衰老。

（节选自余秋雨《千年一叹》，作家出版社 2003 年版）

11. 从全文看，作者为什么说奥林匹亚是“永恒的世界坐标”？

12. 第 2 自然段中画线的句子用了哪些修辞手法？

13. 第 2 自然段中画线的句子表达了什么意思？

14. “我明确无误地感受到了古代中华文明的差距”，作者所说的差距是什么？

15. 对这篇散文的赏析，正确的一项是（　　）

A. 作者从奥林匹亚的楼础、殿基、雕塑联想到奥林匹亚精神，赞颂了古代希腊人对双重健康的追求。

B. 希腊文明值得我们永远仰望的根本原因是：今天全世界还在以奥林匹克和马拉松的名义进行体育竞赛。

C. “或流于愚勇，或流于酸腐，或追慕骑士，或仿效寒士”，作者在这里用排比句式，强调了别的文明也有智力和肢体这两方面的提倡。

D. 作者在文中写他不止一次看到出土的古希腊的人体雕塑，主要是为了表明古希腊的人体雕塑至今仍是人类形体美无可企及的标本。

（一）

阅读提示

科学文化的发展离不开纵向的积累与创新，同时也离不开横向的沟通与借鉴。坚持对话，摒弃偏见，增进交流，消除隔阂，人类科学文化才会展现共同繁荣、异彩纷呈的灿烂前景。《科学史上的东方和西方》是一篇谈论科学史的短文，文章概括地表述了作者在科学史方面的研究成果，从科学史和新人文主义的角度论述了东方文化的历史作用和现实意义，论述了文化交流的重要性。

科学史上的东方和西方

［美］乔治·萨顿

你听过美国西部牛仔的故事吧，一天他突然来到了科罗拉多大峡谷的边缘，感叹道：“上帝，这里发生了什么事情！”你知道，如果这位牛仔指的是在一定时间内迅速完成的事情，那么他错了。在这个意义上，大峡谷什么也没发生。同样，科学的发展虽然比大峡谷的断裂快得多，但它是一个渐进过程。它看上去是革命的，因为我们没有真正看到这个过程，只看到巨大的成果。

从实验科学的角度（特别是在其发展的现阶段）来看，东方和西方是极端对立的。然而，我们必须记住两件事。

第一件事是有关科学的种子，包括实验科学和数学。科学全部形式的种子是来自东方的。因此，在很大程度上，实验科学不只是西方的子孙，也是东方的后代，东方是母亲，西方是父亲。

第二件事，我完全确信正如东方需要西方一样，今日的西方仍然需要东方。当东方人民像我们在16世纪那样，一旦抛弃了他们经院式的论辩的方法，当他们一旦真正被实验精神所鼓舞，谁知道他们能为我们做什么？谁又知道他们为反对我们而做什么呢？我们不要重蹈希腊人的覆辙，他们认为希腊精神是绝无仅有的，他们还忽视犹太精神，把外国人一律视为野蛮人，他们最后衰亡，一落千丈，就像他们的胜利顶峰曾高耸入云一样。不要忘记东西方之间曾经有过协调，不要忘记我们的灵感多次来自东方。这种情况为什么不会再次发生？伟大的思想很可能有机会悄悄地从东方来到我们这里，我们必须伸开双臂欢迎它。

对于东方科学采取粗暴态度的人，对于西方文明言过其实的人，大概不是科学家。他们大多数既无知识又不懂科学。

我们有理由为我们的美国文明而骄傲，但是它的历史记载至今还是很短的。只有300年！和人类经验的整体相比何等渺小，简直就是一瞬间。它会持久吗？它将进步，将衰退，抑或灭亡？我们的文明中有许多不健康的因素，如果我们想在疾病蔓延起来以前根除它们，就必须毫不留情地揭露它们；如果我们希望我们的文明能为自己辩护，我们必须尽最大力量去净化它。实现这项任务的最好办法之一是发展不谋私利的科学；热爱真理——像科学家那样热爱真理的全部，包括愉快的和不愉快的、有实际用途的和没有实际用途的；热爱真理而不是害怕真理；憎恨迷信，不管迷信的伪装是多么美丽。我们文明的寿命至少还没有得到证明，其延续与否，还不一定。因此，我们必须谦虚。归根结底，文明是要经过历史的考验而存活下来，这一点我们还没有经历过。

新的鼓舞可能仍然，而且确确实实仍然来自东方，如果我们觉察到了这一点，我们会聪明一些。尽管科学方法取得了巨大的胜利，但它也还不是十全十美的。当科学方法能够被利用，并且是很好地被利用的时候，它是至高无上的。但是，若不承认这种利用也会产生两种局限。第一，这种方法不能永远使用。有许多思想领域（艺术、宗教、道德）不能使用它，也许永远不能应用于这些领域。第二，这种方法很容易被错误地应用，而滥用这取之不尽用之不竭的资源的可能性是骇人听闻的。

十分清楚，科学不能控制它本身的应用。首先，科学的应用常常握在那些没有任何科学知识的人手中，犹如不经过教育和训练而去驾驶一辆能导致各种破坏的大马力汽车。即使是科学家，在一种强烈的感情影响下，也可能滥用他们的知识。科学应该以各方面不同的力量给予自身辅助，用宗教和道德的力量来给予帮助。无论如何，科学不应傲慢，不应气势汹汹，因为和其他人间事物一样，科学本质上也是不完美的。

东方和西方正像一个人的不同神态，代表着人类经验的基本和互补的两个方面。东方和西方的科学真理是一样的，美丽和博爱也是如此。

东方和西方，谁说二者永不碰头？我们怀着感激之情回忆起我们得益于东方的全部东西——道德热忱，黄金规则，我们引以为荣的科学的基础——这是巨大的恩惠。没有什么理由说它在将来不该无限增加。我们不应该太自信，我们的科学是伟大的，但是我们的无知之处更多。总之，让我们发展我们的方法，改进我们的智力训练，继续我们的科学工作，慢慢地、坚定地、以谦虚的态度从事这一切。

光明从东方来，法则从西方来。让我们训练我们的灵魂，忠于客观真理，并处处留心现实生活的每一个侧面。对于不骄傲的，不采取盛气凌人的“西方态度”而记得自己最高思想的东方来源的，无愧于自己的理想的科学家来说，尽管不一定会更有能力，但他将更富有个性，能更好地为真理服务，能更完满地实现人类的使命，也将是一个更高尚的人。

（选自《科学的生命：文明史论集》，刘珺译，商务印书馆1987年版）

想一想

在《科学史上的东方和西方》一文中，作者认为东方科学与西方科学有什么样的关系？作者是从什么角度论述了东方科学在发展人类文明方面的作用，并且批评了某些偏见的？文章论述了东西方科学文化对话的意义，读后，你对此有怎样的认识？

（二）

中国印·舞动的北京

2003年8月揭晓的北京2008年奥运会会徽的正式名称是“中国印·舞动的北京”，它得到了国际奥委会的一致认可，许多官员一见到它，便当即脱口而出：她就是中国！会徽分上中下三个部分。主体部分为大红底色的白色“京”字的肖形印。篆体的“京”字形状酷似汉字中的“文”字：取意中国悠久的传统文化；整个“京”字图形又像一个向前奔跑、迎接胜利的运动人形。一个飞扬的“京”，一个舞动的“文”，一个飞奔的“人”，潇洒飘逸，气韵生动，有其深厚的人文内涵和独特的外部形象，体现了中国文化与奥林匹克精神的完美结合，是中华文化和人文精神的体现。肖形印下面是黑色的英文“Beijing 2008”字样。再下面是奥运五环图。“中国印·舞动的北京”将肖形印、中国字、奥运五环图有机地结合起来，简洁之中充满了深沉的活力，尺幅之地凝聚着东西方的气韵，笔画之间升华着奥运会的精神。

中国印既是中国的，又是世界的；既是传统的，又是创新的。它采用中国传统的印章形式，同时配拉丁字母、阿拉伯数字和奥运会五环图；它以“中国红”为底色，融合了中国传统的书法、绘画、篆刻等古老艺术；同时又富有新意地运用中国笔墨写出古朴与现代气息相融合的“Beijing 2008”，把庄严和浪漫的情感巧妙地融合在一起，展现了中国人以其海纳百川的胸怀，张开双手热情地拥抱奥运、拥抱世界、拥抱地球的热情。

“中国印·舞动的北京”，奥运会会徽设计史上的一座丰碑。如果把“中国印·舞动的北京”看作一个汉字，她便是奥运会会徽史上第一次汉字字形的引入。汉字是表意文字，汉字中的一笔一画充满着对生活气氛的烘托和对生命意义的隐喻。“中国印·舞动的北京”中的汉字“京”字，则是奥运会百年历史中对举办城市名单最大一处空白的填补。舒展的笔画和简洁的构图，充分表现了北京人的热情和豪迈、活力和魅力，充分预示着北京的未来。如果把“中国印·舞动的北京”看作一个“人”形画，她便是东方绘画表现手法上的一次杰出应用。夸张的身体比例和肢体位置，奔放的舞姿，使我们仿佛看到一个满怀热情与希望，富有激情与活力的舞者正在向人们欢呼，他舞出的不仅仅是中国人的热情，他还将奥运会“更快、更高、更强”的理念写意地“跳”了出来。

（摘自《拓展·提高·创新导学练：语文必修1、2》，
东南大学出版社2007年版）

1. 下列对“‘中国印·舞动的北京’，是奥运会会徽设计史上的一座丰碑”这句话的理解，不正确的一项是（　　）

A. “中国印·舞动的北京”第一次把表意的汉字字形引入到奥运会会徽的设计中。

B. “中国印·舞动的北京”是奥运会百年历史中对举办城市名单最大一处空白的填补。

C. “中国印·舞动的北京”是东方绘画表现手法上的一次杰出的应用。

D. “中国印·舞动的北京”是第一个体现了奥运会“更快、更高、更强”理念的奥运会会徽。

2. 下列说法不符合文意的一项是（　　）

A. 肖形印融入了中华文化的深厚内涵，外部形象像一个向前奔跑、迎接胜利的运动人形，体现了奥林匹克精神和人文精神。

B. 奥运会有百年的历史，2008 年是中国人民第一次承办这一体育盛事，因而“中国印·舞动的北京”填补了奥运会会徽史上的许多空白。

C. 中国印以“中国红”为底色，融合了中国传统的书法、绘画、篆刻等新生艺术；同时又富有新意地写出与现代气息相融合的“Beijing 2008”。

D. 印章在中国表示讲诚信、守信用的意思。会徽采用中国印的形式，表明了中华民族对世界人民的承诺。

3. 根据原文所提供的信息，以下的想象不正确的一项是（　　）

A. “舞动的北京”的“京”，既可以理解为中国申奥成功的喜悦，也可以理解为北京人张开双手欢迎世界人民的热情。

B. 肖形印上的“人”形画可以想象成田径场上奔跑的运动员，它把中国的传统文化同奥林匹克精神巧妙地结合在一起。

C. 肖形印可以想象成一艘船，五环图可以想象成大海的波浪，寓意中国这艘大船正乘北京奥运的东风在破浪前行。

D. “中国印·舞动的北京”得到了国际奥委会的一致认可，主要原因应该是它把奥运会的五环标志添加在其中，体现了奥运会“更快、更高、更强”的理念。

4. 印度洋海啸曾在我国学术界引发了一场关于“人类是否要敬畏大自然”的大讨论。以下是著名科学家何祚庥的观点：

这次海啸给人类另外一个启示，就是人类在自然灾害面前要有所作为，而不能无所作为。我要严厉批评一个口号，即所谓“人要敬畏大自然”——这是一种对人和自然的关系无所作为的观点。我认为，该防御要防御，该制止就制止。我们要尽可能减少自然灾害给人类带来的损失，但并不意味着要敬，要畏。提倡“敬与畏”，就在实际上走向了“反科学”。

假设你的观点与何祚庥观点相反，请写出反方的观点并加以简要阐述。（不少于 80 字）

____

____

____

5. 校训体现着学校的文化精神、培养目标，对学生的成长有着重大作用。以下是一些中外名校的校训，从中挑出你最受启发的一则，以此为话题，写一篇议论文。

哈佛大学：让柏拉图与你为友，让亚里士多德与你为友，更重要的，让真理与你为友！

西点军校：荣誉　责任　国家

清华大学：自强不息　厚德载物

中山大学：博学　审问　慎思　明辨　笃行

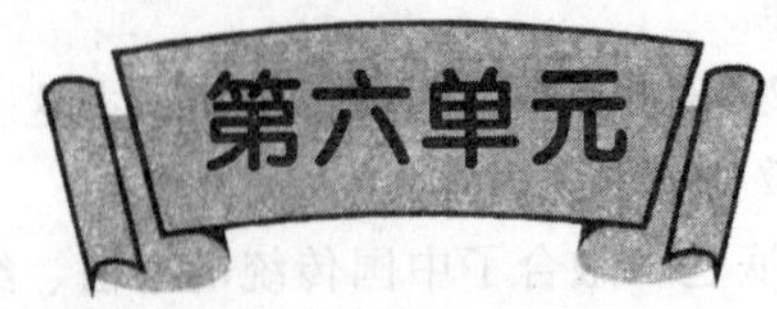

二十六 六 国 论

一、基础知识应用

1. 下列各项中，加点字的音义都正确的一项是（ ）

A. 六国互丧（sàng，灭亡），率（shuài，全都）赂秦耶

B. 思厥（juè，他的）先祖父，暴（bào，暴露）霜露，斩荆棘，以有尺寸之地

C. 洎（zì，等到）牧以谗（chán，说别人的坏话）诛，邯郸为郡，惜其用武不终也

D. 胜负之数（shù，命运），存亡之理，当（dàng，适合）与秦相较，或未易量

2. 下列各项中，名词作状语的一项是（ ）

A. 小则获邑，大则得城　　B. 日削月割，以趋于亡

C. 不能容于远近　　D. 因利乘便，宰割天下

3. 下列句子是转折关系的一项是（ ）

A. 齐人未尝赂秦，终继五国迁灭，何哉

B. 至丹以荆卿为计，始速祸焉

C. 洎牧以谗诛，邯郸为郡

D. 向使三国各爱其地，齐人勿附于秦，刺客不行，良将犹在，则胜负之数，存亡之理，当与秦相较，或未易量

4. 下列各项中，翻译有误的一项是（ ）

A. 赵尝五战于秦，二败而三胜。

译文：赵国曾经与秦国交战五次，打败二次而打胜三次。

B. 是故燕虽小国而后亡，斯用兵之效也。

译文：所以燕国虽然是小国却最后灭亡，这是用兵抵抗的效果。

C. 后秦击赵者再，李牧连却之。

译文：后来，秦国两次攻打赵国，李牧连连退却。

D. 胜负之数，存亡之理，当与秦相较，或未易量。

译文：胜利失败的命运，生存、死亡的道理，应当能够与秦国相抗衡，（结局）或许不是轻易可以确定的

5. 联系课文，请想一想，作者强调“暴霜露，斩荆棘，以有尺寸之地”，意在说明（ ）

A. 先辈创业艰难，国土逐渐增多　　B. 先辈创业艰难，后人守业不易

C. 先辈创业艰苦，成就功业有限　　D. 先辈创业艰难，后人本应珍惜

二、阅读与表达能力训练

阅读下面的文字，完成6—14题。

（一）

尝读六国世家，窃怪天下诸侯，以五倍之地，十倍之众，发愤西向，以攻山西千里之秦，而未免于灭亡。常为之深思远虑，以为必有可以自安之计，盖未尝不咎其当时之士，虑患之疏，而见利之浅，且不知天下之势也。

（节选自苏辙《六国论》）

6. 解释加点的文言虚词的用法。

（1）以五倍之地：______

以攻山西千里之秦：______

（2）而未免于灭亡：______

而见利之浅：______

7. 对文中加点词语的解说，不正确的一项是（　　）

A. “怪”是形容词的意动用法。

B. “西向”意即“向西”，指抗秦。

C. “千里”做“秦”的定语，意指秦国幅员辽阔，实力雄厚。

D. “世家”指司马迁的《史记》中诸侯的传记。

8. 对“以为必有可以自安之计”一句翻译正确的一项是（　　）

A. 认为一定可以有自我安定的办法。

B. 认为一定会有能够用来保全自己的办法。

C. 认为一定有可以使自己安全的办法。

D. 认为一定有办法使自己的国家保全下来。

9. 苏辙认为六国灭亡的原因是______

10. 苏洵认为六国灭亡的原因是______

（二）

荀巨伯①远看友人疾，值胡贼②攻郡。友人语巨伯曰：“吾今死矣，子可去！”伯曰：“远来相视，子令吾去，败义以求生，岂荀巨伯所行邪？”贼既至，谓巨伯曰：“大军至，一郡尽空；汝何男子，而敢独止？”巨伯曰：“友人有疾，不忍委之，宁以我身代友人命。”贼相谓曰：“我辈无义之人，而入有义之国。”遂班军而还，一郡并获全。

（选自《世说新语》）

① 荀巨伯：东汉桓帝时义士。

② 胡贼：古代的一些汉人对北方匈奴的蔑称。

11. 解释下列句子中加点的词。

（1）值胡贼攻郡＿＿＿＿＿＿＿＿＿＿

（2）友人语巨伯曰＿＿＿＿＿＿＿＿＿＿

（3）友人有疾，不忍委之＿＿＿＿＿＿＿＿＿＿

（4）一郡并获全＿＿＿＿＿＿＿＿＿＿

12. 下列句子中“以”的意思或用法与其他三项不同的一项是（　　）。

A. 败义以求生

B. 宁以我身代友人命

C. 以头抢地耳

D. 能以径寸之木为宫室、器皿……

13. 翻译下列句子。

（1）败义以求生，岂荀巨伯所行邪？

＿＿＿＿＿＿＿＿＿＿

＿＿＿＿＿＿＿＿＿＿

（2）汝何男子，而敢独止？

＿＿＿＿＿＿＿＿＿＿

＿＿＿＿＿＿＿＿＿＿

14. 胡贼“班军而还”“一郡并获全”的原因是什么？请用自己的话简要回答。

＿＿＿＿＿＿＿＿＿＿

＿＿＿＿＿＿＿＿＿＿

＿＿＿＿＿＿＿＿＿＿

二十七　游褒禅山记

一、基础知识应用

1. 在下面横线处填入正确的内容。

（1）王安石（1021—1086），北宋＿＿＿、＿＿＿、＿＿＿，字＿＿＿，晚号＿＿＿，抚州临川人。他是中国 11 世纪的改革家，生前封荆国公，世称王荆公。他主张“文章合用世”“务为有补于世”，其散文峭拔雄健。

（2）夫夷以近，＿＿＿＿＿＿；险以远，＿＿＿＿＿＿。＿＿＿＿＿＿，常在于险远，而人之所罕至焉，＿＿＿＿＿＿。

（3）有＿＿＿矣，不随以止也，然＿＿＿不足者亦不能至也。有＿＿＿与＿＿＿，而又不随以怠，至于幽暗昏惑而无＿＿＿以相之，亦不能至也。

2. 下列词语中，加点字注音有误的一项是（　　）

A. 庐冢（zhǒng）　何可胜（shèng）道　B. 窈（yǎo）然　有碑仆（pū）道

C. 音谬（miù）　既往不咎（jiù）　D. 王深回父（fǔ）　无物以相（xiāng）之

3. 下列各句中，加点的字词解释有错误的一项是（　　）

A. 所谓华山洞者，以其乃华山之阳（北面）名（命名，名词用作动词）之也。

B. 唐浮图慧褒始舍（筑舍定居，名词用作动词）于其址（山脚），而卒葬之。
C. 其下平旷（平坦空旷），有泉侧（从旁边）出，而记游者甚众。
D. 余之力尚（还）足以（足够用来）入，火尚足以明（照明，形容词用作动词）也。
4. 下列各句中，加点“之”的用法与其他三句不同的一项是（　　）
A. 古人之观于山川、草木、虫鱼、鸟兽
B. 常在于险远，而人之所罕至焉
C. 后世之谬其传
D. 师道之不复，可知矣
5. 下列各句中，加点词不是名词活用为动词的一项是（　　）
A. 唐浮图慧褒始舍于其址
B. 沛公欲王关中
C. 以事秦之心礼天下之奇才
D. 盖其又深，则其至又加少矣

二、阅读与表达能力训练

阅读下面的文字，完成6—14题。

（一）

于是余有叹焉。古人之观于天地、山川、草木、虫鱼、鸟兽，往往有得，以其求思之深而无不在也。夫夷以近，则游者众；险以远，则至者少。而世之奇伟、瑰怪、非常之观，常在于险远，而人之所罕至焉，故非有志者不能至也。有志矣，不随以止也，然力不足者，亦不能至也。有志与力，而又不随以怠，至于幽暗昏惑而无物以相之，亦不能至也。然力足以至焉，于人为可讥，而在己为有悔；尽吾志也而不能至者，可以无悔矣，其孰能讥之乎？此余之所得也。

余于仆碑，又以悲夫古书之不存，后世之谬其传而莫能名者，何可胜道也哉！此所以学者不可以不深思而慎取之也。

6. 下列各句中，加点字的解释不正确的一项是（　　）
A. 于是余有叹（感慨）焉
B. 夫夷（平坦）以近
C. 而人之所罕（少）至焉
D. 其孰（怎么）能讥之乎
7. 下列句子中，不是判断句的一项是（　　）
A. 今所谓慧空禅院者，褒之庐冢也。
B. 以其乃华山之阳名之也。
C. 此所以学者不可以不深思而慎取之也。
D. 不出，火且尽。
8. 对下列句子的翻译，不正确的一项是（　　）
A. 以其求思之深而无不在也。
译文：因为他们探求思考得深入而且广泛。
B. 有志矣，不随以止也。
译文：有了志向，又不盲目地跟随他人而停止前进。
C. 至于幽暗昏惑而无物以相之。

译文：至于那些幽深昏暗使人迷惑的地方却没有外物帮助他。

D. 后世之谬其传而莫能名者。

译文：后人弄错了它流传的（文字）而没有人能够说明情况。

9. “此余之所得也”一句，总括了作者的游览体会，不属于“所得”的一项是（　　）

A. 世之奇伟、瑰怪、非常之观，常在于险远，而人之所罕至焉，故非有志者不能至也。

B. 然力不足者，亦不能至也。

C. 至于幽暗昏惑而无物以相之，亦不能至也。

D. 余于仆碑，又以悲夫古书之不存，后世之谬其传而莫能名者，何可胜道也哉！

10. 对这段文字的解说，不正确的一项是（　）

A. 作者认为要到达奇伟、瑰怪和非常之观的地方，需要志、力、物，三者之中，志最重要。

B. 作者认为只要尽了“吾志”，即使不能到达奇伟、瑰怪和非常之观的地方，也是没有什么值得后悔的。

C. 作者对古人求思之深做了赞扬，但古人没有得出自己这样深刻的结论，也可惋惜。

D. 平坦和近的地方，游览的人多，但这些人看不到奇伟、瑰怪、非常之观。

（二）

母亲河的自述

我叫黄河，全长5 464千米，生于10万年以前，我的源头在青海巴颜喀喇山，流经青海、四川、甘肃、宁夏、内蒙古、山西、陕西、河南、山东9个省（区）。千百年来，我哺育着炎黄子孙中华儿女，世界各地的炎黄子孙都把我认作民族的摇篮，称我“母亲河”。

从前，人们总爱说“跳进黄河洗不清”，说的是我含的泥沙大。我每年要把16亿吨泥沙带走，淤在下游把河床担得老高，有人又叫我“悬河”。这些我都没有办法，大自然就是这样安排了我，几万年也都这样过来了。

最近又有一句话说我——“跳进黄河洗不净”，我听了很伤心。要是以前“洗不清”，澄澄泥沙就清了；现在洗不净，可事关我个人“品质”。不知道最近大伙儿到我那儿看了没有，我中游支流的汾河、渭河、洛河、新蟒河、沁河都脏得不得了，有的地方简直成为“排污沟”，脏东西超了好几倍，连我周围的农民都嫌我臭，浇地时捂着鼻子干活。

前些年，我的水质都在三类以上，既能浇地，也能到机器里转转；现在好多河段的水质都不行了，就是放在池子里当景观用水，还有人提意见。别人对我说，从来没有见过我这样脏过。从三门峡以下到入海口，7个水质监测口，有6个说我脏。他们对我说，中下游很多城市的饮用水都从我这里取，为了让人们喝得放心，处理脏东西花了好多钱。

我知道，今年这样脏，与缺水有很大关系。去年开始，我从来没有这样干渴，我一年的来水量比正常年份少了将近2/3，说是有实测记录以来来水最少的年份。而向我怀里排的脏水却是一天比一天多，10年间翻了一倍，现在一年有42亿吨，相当于我今年的来水的一半，过去叫“一碗水，半碗泥”，现在成了“一碗水，半碗污”，根本消化不了。

可能有人问了，不是说不让往你那里排污吗？其实也有人管，但总有人偷偷地排，检查的人来了，少排点；检查的人一走，照排不误。管这种事的也不好办，有人总结得很形象，叫“环保不下河，水利不上岸”。更何况，还有一些不肖子孙说是当地挣钱重要，我干净的事往后放放。我听说，天津已经不用我了，我真羞愧。人们费老大劲修了引黄济津的水渠，我却帮不了他们的忙。要是再这样给我身上泼脏水，我这母亲河就变成臭水沟了。

救救我吧！

（选自《阅读与鉴赏》（初中）2007 年 1—2 期）

11. 仔细阅读全文，从母亲河的自述中，你获取了哪些主要信息？请填写在下面的横线处。

（1）________________________________

（2）母亲河自述为何“洗不清”的原因（介绍黄河自古以来含泥沙量大的特点）。

（3）________________________________

12. 你能从文中发现造成黄河污染的主要原因吗？请谈谈你的理解。

我的理解：

（1）________________________________

（2）________________________________

（3）________________________________

13. 细心揣摩下列句子，回答括号中的问题。

（1）去年开始，我从来没有这样干渴，我一年的来水量比正常年份少了将近 2/3，说是有实测记录以来来水最少的年份。（加点的短语能删掉吗？为什么？）

____

____

（2）连我周围的农民都嫌我臭，浇地时掩着鼻子干活。（请指出该句运用了什么表达方式，并说说它的表达效果。）

____

____

14. 阅读下面的两则材料，联系《母亲河的自述》一文，写出你对环境保护的见解。

材料一：两千多年前，黄河只叫“河”，没有“黄”字。《诗经》中许多篇章都提到过。那时的黄河水还比较清亮。黄河上游及晋陕一带森林植被还比较多，水草丰茂，清澈秀丽。

材料二：古人言“黄河清，天下宁”，黄河的治理，事关广大人民的生计。

（1）________________________________

____

（2）________________________________

____

（3）________________________________

____

二十八 国 殇

一、基础知识应用

1. 查阅资料，完成下面的填空题。

(1) 屈原，______时______国人，杰出的______和______。名______，字______。楚武王熊通之子屈瑕的后代。丹阳（今湖北省宜昌市秭归县）人。他是中国文学史上第一位伟大的爱国诗人，是______主义诗人的杰出代表。

(2) 屈原的出现，不仅标志着中国诗歌进入了一个由集体歌唱到个人独唱的新时代，而且开创了新诗体——______，后人因此将《诗经》与《楚辞》并称为“风、骚”。“风、骚”是中国诗歌史上______主义和______主义两大优良传统的源头。除此之外，以屈原为代表的楚辞还影响到汉赋的形成。

(3) 屈原的传世作品有《九歌》《离骚》《九章》《天问》等。《国殇》选自______，“路曼曼其修远兮，吾将上下而求索”出自______。

(4) “楚辞”本是我国古典诗歌的一种体裁，屈原等人在民间歌谣的基础上创造的这种新诗体，具有浓厚的地域文化色彩，“皆书楚语、作楚声、记楚地、名楚物”。它打破了《诗经》______言诗的格调，以______言、______言为主，多融进神话传说，具有浪漫主义色彩。汉武帝时，______整理古籍，把屈原、宋玉等人的作品编辑成书，定名《楚辞》，从此，“楚辞”也成为一种______的名称。

2. 下列各项中，加点字的注音有误的一项是（　　）

A. 操吴戈兮披犀（xī）甲，车错毂（gǔ）兮短兵接

B. 凌余阵兮躐（liè）余行，左骖殪（yè）兮右刃伤

C. 霾（mái）两轮兮絷四马，援玉枹（fú）兮击鸣鼓

D. 天时怼（duì）兮威灵怒，严杀尽兮弃原野

3. 对下列加点的词的解释，有误的一项是（　　）

A. 严（残酷）杀尽兮弃原野

B. 出不入兮往不反（同返）

C. 诚（诚然、确实）既勇兮又以（句中助词）武

D. 终（终于）刚强兮不可凌

4. 下列对诗句的翻译有误的一项是（　　）

A. 操吴戈兮披犀甲，车错毂兮短兵接。

译文：手拿着长戈啊，身穿着铠甲，战车轮毂交错啊，短兵器相拼杀。

B. 旌蔽日兮敌若云，矢交坠兮士争先。

译文：天空阴沉沉的，敌兵像乌云，箭矢交互坠落啊，战士冲向前。

C. 霾两轮兮絷四马，援玉枹兮击鸣鼓。

译文：战车两轮陷啊，战马被羁绊，战士举鼓槌啊，击鼓声震天。

D. 出不入兮往不反，平原忽兮路超远。

译文：英雄们此去啊，不再盼回还，原野空茫茫啊，路途太遥远。

5. 下列说法有错的一项是（　　）

A.《国殇》是悼念阵亡将士的祭歌。

B.《国殇》描绘了一场敌众我寡、以失败告终的战争，在这失败的悲剧中，写出楚国将士们视死如归、不可凌辱的崇高品格。

C. “诚既勇兮又以武，终刚强兮不可凌。身既死兮神以灵，子魂魄兮为鬼雄”这几句诗，既呈现了楚人刚毅的性格，也寄托着屈原对祖国复兴的期望。

D. 这首诗篇幅不长，却是中国文学史上最早的叙事诗。

6. 下列对《国殇》一诗的艺术特色分析，不准确的一项是（　　）

A.《国殇》中战斗场面的描写很有特色。第一部分仅短短十句，就记叙了楚军与敌军短兵相接、壮烈牺牲的完整过程；诗中描写了吴戈、犀甲、兵车以及将士、人马等各个方面，内容极为丰富，容量很大。

B. 从写法上看，《国殇》一诗把概括叙述与具体描写相结合，把动态描写和静止画面相结合，把明写楚军英勇和暗写敌人凶猛相结合，互相补充，展现了战斗场面的惨烈。

C.《国殇》一诗采用前叙后赞、叙赞有机结合的写法，完整地表现了诗的中心思想。

D. 作品运用了夸张、比拟、借代、比喻、双关等修辞手法渲染战斗气氛；全诗都是七字句，而每句中的第四字又都是感叹词“兮”，这就使全诗句式整齐，节奏感强。

二、阅读与表达能力训练

阅读下面的文字，完成 7—13 题。

（一）

渡荆门送别

李　白

渡远荆门外，来从楚国游。山随平野尽，江入大荒流。

月下飞天镜，云生结海楼。仍怜故乡水，万里送行舟。

7. 对该诗的赏析，不正确的一项是（　　）

A. 这是一首五言律诗，中间两联不仅对仗工整，而且写得逼真如画，犹如一幅长江出峡渡荆门长轴山水图。

B. 颔联两句，写出了江水奔腾直泻的气势，景中也蕴藏着诗人喜悦开朗的心情和青春的蓬勃朝气。

C. 尾联写故乡之水恋恋不舍地一路送李白远行，既点明了题目，又暗示了故乡人的深情厚谊。

D. 全诗情景交融，想象奇特，显露了诗人豪迈的意气和浪漫的情怀。

8. 抒发作者乡愁的句子是________________，________________。

9. 写景的句子是____________________，____________________，____________________，____________________。这是按____________________的顺序描绘的。

10. 找出自己最喜欢的诗句，并说说理由。

____

____

____

（二）

次北固山下

王　湾

客路青山外，行舟绿水前。潮平两岸阔，风正一帆悬。

海日生残夜，江春入旧年。乡书何处达？归雁洛阳边。

11. 对这首诗语句的理解，有误的一项是（　）

A. 题目中的“次”本是“停驻”之意，这里指“再次停宿”在北固山下的旅馆之内。

B. 首联中的“客路”指的是诗人要去的路，“青山”指的是题目中的北固山。

C. 颔联中“两岸阔”的“阔”是表现潮平之后的景象，随着春潮的起涨，放眼望去，江面似与岸平，舟中人的视野也因此而开阔。

D. 颈联透露出诗人是于岁暮腊残，连夜行舟的。此联表现了江上行舟即将天亮的情景。

12. 对这首诗的赏析，不恰当的一项是（　　）

A. 诗歌以对偶句开头，既显工丽，又觉跳脱，先写“客路”后写“行舟”，那种人在江南、神驰故里的漂泊羁旅之情已流露于字里行间。

B. 第二联的“风正一帆悬”写得尤为精彩。诗正是通过这一小景，呈现了平野开阔、大江泛舟、波平浪静等大景。

C. 第三联写得妙绝。当残夜还未消退之时，一轮红日已从海上升起；当旧年尚未逝去，江上已显露春意。这两句表达了诗人内心的无比喜悦之情，令人想象到诗人已被江南的美景所陶醉。

D. 尾联写诗人正放舟于绿水之上，正向着青山之外的绿水进发，看到北归的大雁正掠过晴空，想托雁儿捎信给在洛阳的家人，诉说自己内心深处的乡愁。

13. 品读全诗，发挥联想和想象，描绘第二联所展现的画面。

____

____

____

二十九　孔雀东南飞（并序）

一、基础知识应用

1. 查阅资料，在横线处填入正确的内容。

《孔雀东南飞》原题为____________，是我国古代文学史上第一部长篇______诗。开头有一篇小序，介绍了____________。故事发生在__________，但成诗时间可能稍后一些，并在流传中得到充实提高。后收入______朝______所编的__________。这首诗的体裁是______，诗的序曲以孔雀失偶______，尾声以______作结，富有民族特色。全诗在创作手法上是________的，通过______和______的爱情悲剧，揭露了______________________；结尾的手法又是________的，表达了__________________。全诗无论是思想内容，还是艺术特色都达到很高成就，为人称颂。人们历来把这首诗与____朝的________合称为______。

2. 下列各句中，加点字的读音完全正确的一项是（　　）

A. 十五弹箜篌（hóu）　　便可白公姥（mǔ）
伶（líng）俜萦苦辛　　妾有绣腰襦（rú）

B. 四角龙子幡（fān）　　葳（wēi）蕤自生光
留待作遗（yí）施　　纤（qiān）纤作细步

C. 磐（pān）石无转移　　供（gōng）养卒大恩
耳著（zhuó）明月珰　　移我琉璃榻（tà）

D. 踯（zhí）躅青骢马　　青雀白鹄舫（fāng）
隐隐何甸甸（diàn）　　阿母大拊（fǔ）掌

3. 选出句中加点字读音不同的一项，将答案填入相应的括号内。

（1）A. 相见常日稀　B. 儿已薄禄相　C. 会不相从许　D. 登即相许和（　　）

（2）A. 便可速遣之　B. 不得便相许　C. 便言多令才　D. 便作旦夕间（　　）

4. 下列各句中，加点词的用法与其他各句不同的一项是（　　）

A. 便可白公姥　B. 我有亲父母　C. 逼迫兼弟兄　D. 好自相扶将

5. 选出句中加点字解释正确的一项，将答案填入相应的括号内。

（1）徒留无所施　A. 措施　B. 施予　C. 用处　D. 使用（　　）

（2）何意致不厚　A. 意思　B. 心意　C. 料想　D. 意图（　　）

（3）遣去慎莫留　A. 谨慎　B. 小心　C. 千万　D. 慎重（　　）

（4）蒲苇纫如丝　A. 柔软　B. 柔韧　C. 缠绕　D. 连结（　　）

（5）寻遣丞请还　A. 寻找　B. 寻觅　C. 不久　D. 然后（　　）

6. 选出加点词意义与例句相同的一项，将答案填入相应的括号内。

（1）例：君既若见录（　　）

A. 相见常日稀　B. 黄泉下相见　C. 渐见愁煎迫　D. 府吏见丁宁

（2）例：旦日不可不蚤自来谢项王（　　）

A. 谢家来贵门　B. 多谢后世人　C. 阿母谢媒人　D. 谢家事夫婿

（3）例：却与小姑别（　　）

A. 却匈奴七百余里　B. 相如持璧却立

C. 却话巴山夜雨时　D. 却看妻子愁何在

7. 将对下列诗句的理解正确的一项填入相应的括号内。

（1）"著我绣夹裙，事事四五通。足下蹑丝履，头上玳瑁光。腰若流纨素，耳著明月珰。指如削葱根，口如含朱丹。纤纤作细步，精妙世无双。"这些诗句着力铺陈的作用是（　　）

A. 表明兰芝恋恋难舍，强作精神，掩饰内心的哀怨。

B. 表明兰芝不甘示弱，有意在婆婆面前示威。

C. 写出兰芝的美丽，突出她坚忍刚强、从容自如的性格。

D. 写出兰芝有意装饰，绝不肯受别人歧视的心理。

(2) “兰芝仰头答：‘理实如兄言。谢家事夫婿，中道还兄门。处分适兄意，那得自任专！虽与府吏要，渠会永无缘。登即相许和，便可作婚姻。’”对这段话的分析最恰当的一项是（　　）

A. 兄长所言虽然不合情，但合理，应该遵从。

B. 终究给兄长添了不少麻烦，理应遵从兄长安排。

C. 自己无可奈何，只好听凭兄长的处置安排。

D. 对兄长有清醒的认识，不抱任何幻想。

(3) “青雀白鹄舫，四角龙子幡。婀娜随风转，金车玉作轮。踯躅青骢马，流苏金镂鞍。赍钱三百万，皆用青丝穿。杂彩三百匹，交广市鲑珍。从人四五百，郁郁登郡门。”这样极力铺排太守迎娶的场面，其作用是（　　）

A. 表现兰芝的身价，反衬焦母的愚陋专横。

B. 表现兰芝的身价，反衬她的悲惨命运，加深悲剧气氛。

C. 太守家的重视与焦母的凌虐形成鲜明对比，表现焦母的专横无理。

D. 隆重的迎娶与兰芝的愁苦形成鲜明对比，表现兰芝对爱情的忠贞。

二、阅读与表达能力训练

阅读下面的文字，完成 8—14 题。

（一）

孔雀东南飞，五里一徘徊。

“十三能织素，十四学裁衣，十五弹箜篌，十六诵诗书。十七为君妇，心中常苦悲。君既为府吏，守节情不移，贱妾留空房，相见常日稀。鸡鸣入机织，夜夜不得息。三日断五匹，大人故嫌迟。非为织作迟，君家妇难为。妾不堪驱使，徒留无所施。便可白公姥，及时相遣归。”

8. 开头两句采用了什么艺术手法？对表达全诗内容有何作用？

______

______

9. 第 2 自然段中加点的诗句，主要采用了哪种艺术手法？突出了女主人公的什么性格特点？

______

______

10. 第 2 自然段画线的诗句，所表现的女主人公的性格特点是（　　）

A. 勤劳　　B. 温柔　　C. 外柔内刚　　D. 坚强持重

（二）

烟笼寒水月笼沙，夜泊秦淮近酒家。

商女不知亡国恨，隔江犹唱《后庭花》。

11. 从诗歌类别来看，这首诗是________，属于________诗。

12. 对这首诗文句的解说，错误的一项是（　　）

A. “寒水”，寒冷的江水，指穿过南京流入长江的秦淮河。

B. “商女”，茶楼酒馆里侍候客人的歌女。

C. “隔江”的“江”，指秦淮河，商女在岸上酒楼歌唱，诗人从船上听去，所以说“隔江”。

D. “后庭花”，即《玉树后庭花》，据说是南朝荒淫误国的陈后主所创作的乐曲，历来被人看作“亡国之音”。

13. 关于这首唐诗，分析不当的一项是（　　）

A. 首句写景，二句叙事。写景，连用“笼”字，说出夜色的迷茫，把“近酒家”放在句末，为下句“商女”做了铺垫。

B. 诗中描绘秦淮迷蒙清寂的寒江夜色图，寄寓诗人的忧愁与伤感。

C. 商女热衷歌唱《后庭花》的靡靡之音，诗人意在批判她们的幼稚无知，沉湎于纸醉金迷的生活。

D. 全诗表现诗人对国家命运的关注和忧虑，语言清新洗练，加上活用典故，是唐诗中的优秀之作。

14. 这首诗的作者是________，他以写________诗见长。

（一）

阅读指导

诵读古代诗文，要有意识地在积累、感悟和运用中，提高自己的欣赏品位和审美情趣；要注意借助注释和工具书阅读浅易文言文，理解基本内容；能在课外文言文阅读中由此及彼，举一反三，学会从课内知识到课外的迁移，运用课内掌握的知识和技能，解决课外文言文阅读的问题；在阅读实践中，要认识中华文化的丰厚博大，吸收民族文化智慧；要提高自身文化内涵和品位，观照现实生活，传承文化，联结古今。

冯立，同州冯翊人也。有武艺，略涉书记，隐太子建成引为翊卫车骑将军，托以心膂①。建成被诛，其左右多逃散，立叹曰：“岂有生受其恩而死逃其难！”于是率兵犯玄武门，苦战久之，杀屯营将军敬君弘。谓其徒曰：“微以报太子矣！”遂解兵遁于野。俄而来请罪。太宗数之曰：“汝在东宫，潜为间构，阻我骨肉，汝罪一也。昨日复出兵来战，杀伤我将士，汝罪二也。何以逃死！”对曰：“出身事主，期之效命，当职之日，无所顾惮。”因伏地歔欷，悲不自胜。太宗慰勉之。立归，谓所亲曰：“逢莫大之恩，幸而获济，终当以死奉答。”

未几，突厥至便桥。立率数百骑与虏战于咸阳，杀获甚众。太宗闻而嘉叹，拜广州都督。前后作牧者，多以黩货为蛮夷所患，由是数怨叛。立到，不营产业，衣食取给而已。尝至贪

---

① 膂（lǚ）：脊骨。

泉，叹曰："此吴隐之所酌泉也。饮一杯水，何足道哉！吾当汲而为食，岂止一杯耶，安能易吾性乎！"遂毕饮而去。在职数年，甚有惠政，卒于官。

（节选自《旧唐书·忠义传》）

辛酉，冯立、谢叔方皆自出；薛万彻亡匿，世民屡使谕之，乃出。世民曰："此皆忠于所事，义士也。"释之。

（节选自《资治通鉴》）

想一想

李世民为什么认为冯立是"义士"？我们要向冯立学习什么？

（二）

晏子辞千金

晏子方食，景公使使者至，分食食之，使者不饱，晏子亦不饱。使者反，言之公。公曰："嘻！晏子之家若是其贫也！寡人不知，是寡人之过也。"使吏致千金与市租①，请以奉宾客。晏子辞。三致之，终再拜而辞曰："婴之家不贫，以君之赐，泽覆三族，延及交游②，以振百姓，君之赐也，厚矣，婴之家不贫也。婴闻之，夫厚取之君而施之民，是臣代君君民也，忠臣不为也；厚取之君而不施于民，是为筐箧之藏也，仁人不为也；进取于君，退得罪于士，身死而财迁于它人，是为宰藏也，智者不为也。夫十总之布，一豆之食，足于中，免矣。"

景公谓晏子曰："昔吾先君桓公以书社五百封管仲，不辞而受，子辞之何也？"晏子曰："婴闻之，圣人千虑，必有一失，愚人千虑，必有一得。意者管仲之失而婴之得者耶？故再拜而不敢受命。"

（节选自《晏子春秋》）

1. 下列加点字的解释，有错误的一项是（　　）

A. 使吏致千金与市租（送）　　B. 终再拜而辞曰（拜两次）

C. 使者反，言之公（背叛）　　D. 一豆之食，足于中（内心）

2. 下列加点字的意义和用法，完全相同的一组是（　　）

A. 景公使使者至，分食食之　　民俱有三年之食

B. 晏子辞千金　　子辞之何也

C. 是臣代君君民也　　臣不若君之美也

D. 是为宰藏也　　不知木兰是女郎

3. 下列省略句补充错误的一项是（　　）

A. 请以（之）奉宾客　　B. 使者反，言之（于）公

C. 厚取之（于）君而不施于民　　D.（晏子）不辞而受

4. 下列句子的翻译，都正确的一项是（　　）

① 晏子之家若是其贫也　　② 圣人千虑，必有一失

---

① 市租：买卖货物的税款，这里指收税权。

② 交游：指朋友。

A. ①晏子家如果贫穷的话　　②圣明的人考虑得再多，也难免会有失误

B. ①晏子家如果贫穷的话　　②圣明的人忧虑多了，就一定会有失误

C. ①晏子家穷得像这样　　②圣明的人考虑得再多，也难免会有失误

D. ①晏子家穷得像这样　　②圣明的人忧虑多了，就一定会有失误

5. 对该语段的理解，不正确的一项是（　　）

A. 齐景公派的使臣来到晏子家时，晏子正在吃饭，晏子把食物分出来给使臣，结果两人都没吃饱。

B. 晏子家里很穷，齐景公派人送去千金，但晏子没接受。

C. 晏子认为任何事物，只要是内心满足，就可以免于忧患。

D. 管仲当初接受齐桓公的赐封完全是一个错误，所以晏子不敢效仿。

综合自测题（A卷）

本测试卷分第Ⅰ卷（选择题）和第Ⅱ卷（非选择题）两部分。
共100分，自测用时120分钟。

第 Ⅰ 卷

（共43分）

一、选择题（每小题1分，共15分）

1. 以下词语中，加点字的读音全都正确的一项是（　　）

A. 不可估量（liàng）　给（gěi）予　嫉（jí）恨　豁（huò）然开朗

B. 妲（dá）己　苑囿（yòu）　攒（zǎn）射　夔（kuí）门

C. 长歌当（dàng）哭　桀（jié）骜　浸渍（zì）　菲（fěi）薄

D. 绯（fěi）红　诅（zǔ）咒　洗涤（tāo）　啃噬（shì）

2. 下列词语中，书写全都正确的一项是（　　）

A. 青冢　笔走龙蛇　浅帧低唱　阴谋诡计

B. 尘滓　汗流夹背　桀骜锋利　绵里藏针

C. 微漠　销声匿迹　察颜观色　旁征博引

D. 蹂躏　同盟鸥鹭　各行其是　战战兢兢

3. 下列词语中，解释有误的一项是（　　）

A. 缱绻（依恋、感情好）茶坊酒肆（铺子）　艳羡（羡慕）　端详（仔细地看）

B. 面面相觑（看）　自惭（惭愧）形秽　苦楚（痛苦）　难堪（忍受）

C. 觥（酒器）筹交错　毁书（书籍）斩使　惆怅（失意）　雅（高雅的含义）意

D. 茕茕孑（孤单）立　荒诞不经（正常）　不以为然（正确）用度窘（贫困）

4. 对下面的一段文字，排序正确的一项是（　　）

在儒家传统中，孔孟总是形影相随，________

① 既有《论语》，则有《孟子》。

② 孔曰“成仁”，孟曰“取义”，他们的宗旨也始终相配合。

③ 今人冯友兰，也把孔子比作苏格拉底，把孟子比作柏拉图。

④《史记》说：“孟子序诗书，述仲尼之意。”

⑤ 既有大成至圣，则有亚圣。

A. ④②①③⑤　B. ①②④⑤③　C. ①④②③⑤　D. ⑤①②④③

5. 填入下列各句画横线处的词语，最恰当的一项是（　　）

① 路旁的大石龟仍然无表情地蹲____着。

② 抬头只见寒鸦万点，____着夕阳，掠过枯树林。

③ 卫老婆子仿佛卸了一肩重担似的______一口气。

④ 维纳斯……为了自身的美丽，她下意识地______起了双臂。

A. 伏　驮　嘘　藏　　　B. 守　披　叹　收

C. 踞　照　松　藏　　　D. 伏　洒　吸　抬

6. 下面句子中，标点符号使用正确的一项是（　　）

A. 但是他们舍不得挪窝儿：破家值万贯。

B. 这一带在古代就是一个“少草木，多大沙（《汉书·匈奴传》）”的地方。

C. 尤其是来自克里特岛那些壁画上人物的眼睛，简直像打开的灯！直叫我看得神采焕发！

D. “听清楚了，”车上的乘客像小学生一样齐声回答。

7. 下列各句中，成语使用恰当的一项是（　　）

A. 温州财团在炒热了上海和杭州的楼盘后，开始挥师苏州、北京等地，在当地楼市上可谓“兴风作浪”。

B. 一阵秋风吹过，树叶飘落，那摧枯拉朽的声音仿佛告诉人们：冬天要来了。

C. 王老师的教学水平很高，再难懂的问题他也能讲得天花乱坠，使人一听就明白。

D. 这个商场营业员服务态度之差是有口皆碑的，所以，经济效益也愈来愈差。

8. 下列各句中，没有语病的一句是（　　）

A. 由于人口过于集中，造成了不少城市的供应、就业、住宅、水电等问题日益严重。

B. 随着科学技术和文化教育事业的发展，使得人类社会的一切行为和一切领域都将卷入空前的知识大革命。

C. 学校及时就这一事件对全体师生和党员、团员进行了一场法制教育。

D. 继承和发扬传统又突破传统是时代赋予我们的使命。

9. 下列各句中，表达方式判断有错误的一项是（　　）

A. 阴山一代在民族关系紧张的时期是一个战场，而在民族关系缓和时期则是一个重要的文化交流的驿站。（议论）

B. 冰中透出枝枝荷梗，枯梗上漾着绮辉。（描写）

C. 过了集宁，就隐隐望见了一条从东北向西南伸展的山脉，这就是古代的阴山，现在的大青山。（说明）

D. 我们楼里有个小伙子，为一点事，打了开电梯的小姑娘一个嘴巴。（描写）

10. 下列各句中，修辞方法运用不恰当的一句是（　　）

A. 洪水卷走了大树，卷走了牲畜，卷走了屋舍，但卷不走我们“严防死守”的决心。

B. 成群的鸽子又漫步在当代商城前的草坪上，它们是和平天使，是当代文明的象征。

C. 郝海东一记远射，又硬又刁钻，犹如“长二捆”火箭升天，皮球直飞向对方球门。

D. 玫瑰红得热烈，杜鹃粉得妩媚，但多少有些招摇；只有洁白的百合，才称得上纯美。

11. 依次填入下列句子横线处的关联词，最恰当的一项是（　　）

特别自21世纪自然科学大踏步前进以来，我们越来越有可能学会认识并________控制那些至少是由我们的最常见的生产行为所引起的较远的自然后果。________这种事情发生得越多，人们就越是________再次地感觉到，________也认识到自身和自然界的一体性，________

那种关于精神和物质、人类和自然、灵魂和肉体之间的对立的、荒谬的、反自然的观点，也就越不可能成立了。

A. 因而　但是　不仅　而且　而

B. 因此　不过　不仅　而且　但

C. 因而　可是　不但　并且　而

D. 因此　但是　不但　并且　可

12. 对《老人与海》课文的赏析，不正确的一项是（　）

A. 老人之所以失败，有两个原因，一是由于走得还不够远，二是孤军奋战。

B.《老人与海》除了推崇一种“硬汉精神”外，还给我们第二个启示：善待海洋，和平相处！

C.《老人与海》这篇小说的主题是海明威所提倡的“硬汉精神”，即“一个人并不是生来就给打败的”。

D. 从文中可以看出老人热爱海洋，热爱海洋中一切有生命的东西，即使他是一个捕鱼人。

13. 下面关于应用文的说法，不正确的一项是（　）

A. 会议纪要是记载、传达会议情况和议定事项所使用的公文。

B. 会议纪要的格式一般比较固定，通常由标题、正文和落款三部分组成。

C. 简，是简报最显著的特点。一期简报甚至只登一篇文章，几段信息。

D. 总结是应用文，要注意语言准确、平实、简明。不能运用描写，引用事例，只能以叙述为主。

14. 对诗歌的理解，不正确的一项是（　　）

A. 现代诗歌的主流是新诗。新诗是1919年五四新文化运动时期发展起来的一种新体诗。

B. 词是诗歌的一种体裁，起于唐代，盛于宋代，是我国古典诗歌中的一朵奇葩。《沁园春·长沙》的体裁是“词”，因此，它属于古典诗歌。

C. 诗歌的基本特征，一是以抒情见长，二是具有音乐美，讲求节奏和韵律，三是语言凝练精美、生动形象。在一首诗中，它们是有机统一的。

D. 欣赏诗歌时，讲究理解词义，解读关键语句的内涵；讲究进入诗歌意境，体会作者感情；要发挥想象和联想，同时要反复诵读，领略诗歌的音乐美。

15. 对下列句子的出处，判断不正确的一项是（　　）

A. 知之者不如好之者，好之者不如乐之者。——《论语·雍也》

B. 登东山而小鲁，登泰山而小天下。——《庄子·尽心上》

C. 余音绕梁，三日不绝。——《列子·汤问》

D. 于我心有戚戚焉。——《孟子·梁惠王上》

二、阅读理解题（每小题1分，共12分）

（一）

孔子有言：“知之者不如好之者，好之者不如乐之者”，仿佛以为知、好、乐是三层事，一层深一层；其实在文艺方面，第一难关是知，能知就能好，能好就能乐。知、好、乐三种心理活动融为一体，就是欣赏，而欣赏所凭的就是趣味。许多人在文艺趣味上有欠缺，大半由于在知上有欠缺。

有些人根本不知，当然不会盛感到趣味，看到任何好的作品都如蠢牛听琴，不起作用。这是精神上的残疾。__①__。

有些人知得不正确，于是趣味低劣，缺乏鉴别力，只以需要刺激或麻醉，取恶劣作品疗饥过病，以为这就是欣赏文学。这是精神上的中毒，__②__。

有些人知得不周全，趣味就难免窄狭，像上文所说的，被囿于某一派别的传统习尚，不能自拔。这是精神上的短视，__③__。

要______这三种流行的毛病，唯一的方剂是扩大眼界，加深知解。一切价值都由比较得来，生长在平原，你说一个小山坡最高，你可以受原谅，但是你错误。“登东山而小鲁，登泰山而小天下”，那“天下”也只是孔子所能见到的天下。要把山估计得准确，你必须把世界名山都游历过、测量过。研究文学也是如此，你玩索的作品愈多，种类愈复杂，风格愈纷歧，你的比较资料愈丰富，透视愈正确，你的鉴别力（这就是趣味）也就愈可靠。

16. 在文中①②③处各有一句话，下列对应正确的一项是（　　）

A. ①“坐井观天，诬天藐小”
②犯这种毛病的人失去大部分生命的意味
③可以使整个的精神受腐化

B. ①犯这种毛病的人失去大部分生命的意味
②可以使整个的精神受腐化
③“坐井观天，诬天藐小”

C. ①可以使整个的精神受腐化
②“坐井观天，诬天藐小”
③犯这种毛病的人失去大部分生命的意味

D. ①犯这种毛病的人失去大部分生命的意味
②“坐井观天，诬天藐小”
③可以使整个的精神受腐化

17. 在画横线处填入的词语，正确的一项是（　　）

A. 诊治　B. 治疗　C. 诊断　D. 救治

18. 对文中加点的两个“欠缺”所指的具体内容，理解正确的一项是（　　）

A. 两个“欠缺”都是指没有趣味，趣味狭窄。

B. 两个“欠缺”都是指根本不知，知得不周全，不正确。

C. 第一个“欠缺”指根本不知，第二个“欠缺”指没有趣味。

D. 第一个“欠缺”指没有趣味，趣味低劣，趣味狭窄。第二个“欠缺”指根本不知，知得不周全、不正确。

19. 对这段文字的理解，表述有错误的一项是（　　）

A. 作者说明三种流行的毛病时，分三段排列，使行文变得疏朗。

B. 说明三种流行的毛病只是说出病象，点明危害，并未举例详述。

C. 知、好、乐都是精神领域的活动，是人生重要的组成部分。

D. 这部分文字论述了研究才能获取新的趣味，作者从多个方面列举出自己的种种经验来论证。

（二）

① 我凭舷眺望，望着茫茫的江水。……当它以摧山坼地之力凿开三峡洋洋东去之时，可曾想到后来竟变成那渺小的生物——人的胯下坐骑么？我的思想向着更遥远的空间和时间飞去。“水击三千里，抟扶摇而上者九万里”，也许还要高远。人类的历史，对于我本来如同远在云天之上、不可端倪的飞鸟，此时忽如栖落在手指上，简直可以数一数它的翎毛。

② 能使用工具的人类的出现，据说距今已有两三百万年。不要小看第一个使用石器的人，第一个燧木取火的人，第一个弯弓射箭的人，第一个跨上马背的人，他们越过了人类儿童时代一座又一座真正的“三峡”——不，他们的步履更为艰难，他们的业绩更为伟大。人类在漫漫的行程中，每一分钟都在向着难以数计的未知的领域进军，都有难以数计的第一个穿过“三峡”的人开拓道路。于是，历史昂然向前。

③ 行程是艰险的。历史在前进中，不免有________，有________，有________，有________。自然也就不免有清谈者，有酣睡者，有摇头者，有叹气者，有彷徨者，有哭泣者。但是他们不是历史的脊梁，他们像蛛丝一般无力，绊不住历史的脚步。

④ 千百年后，假如三峡无恙，也还会有人从此穿过。________________________。在那时的人看来，完成我们今天从事的业绩，会跟玩积木一样轻而易举了。但是，他们不会嘲笑我们，他们会崇敬我们的精神。至于我这篇平凡的文字，那时是早已泯灭的了。然而，如果他们从考古的废墟上发现了它，我敢断定，他们会说：“这个人，没有说谎。”

⑤ 我凭舷眺望，江水滔滔，一泻千里，向东流去。天渐渐开阔，地渐渐平旷，忽然飘来几只沙鸥，雪片一样白，闪电一样快，在船头画了个圈儿，不见了。

⑥ 船已经穿过三峡，我感到了第一个穿过三峡的人曾经感到和未曾感到的喜悦。

20. 依次填入第 3 自然段画横线处的词语，最恰当的一组是（　）

A. 挫折　迂回　后退　失败　B. 失败　迂回　挫折　后退

C. 挫折　胜利　前进　后退　D. 后退　迂回　失败　挫折

21. 联系上下文，在第 4 自然段横线处填写的文字，最恰当的一句是（　）

A. 从千百年后看今天，也如同千百年后看第一个穿过三峡的人一样。

B. 从千百年前看今天，也如同今天看千百年前第一个穿过三峡的人一样。

C. 从千百年后看今天，也如同今天看第一个穿过三峡的人一样。

D. 从千百年前看今天，也如同千百年前看今天第一个穿过三峡的人一样。

22. 对第 1 自然段中作者用“胯下坐骑”要表达的含义，理解有误的一项是（　）

A. 比喻三峡急流一泻千里之势。

B. 比喻汹涌的三峡急流被人类掌握了规律，为人类所驾驭。

C. 表达作者畅游三峡征服自然的喜悦心情。

D. 比喻自然的力量十分渺小。

23. 与第 5 自然段作者“凭舷眺望”的画面相对应的两句诗是（　）

A. 山随平野尽，江入大荒流。——李白

B. 春江潮水连海平，海上明月共潮生。——张若虚

C. 星垂平野阔，月涌大江流。——杜甫

D. 水送山迎入富春，一川如画晚清新。——吴融

（三）

冬季日短，又是雪天，夜色早已笼罩了全市镇。人们都在灯下匆忙，但窗外很寂静。雪花落在积得厚厚的雪褥上面，听去似乎瑟瑟有声，使人更加感到沉寂。我独坐在发出黄光的菜油灯下，想，这百无聊赖的祥林嫂，被人们弃在尘芥堆中的，看得厌倦了的陈旧的①玩物，先前还将形骸露在尘芥里，从②活得有趣的人们看来，恐怕要怪讶她何以还要存在，现在总算被无常打扫得干干净净。魂灵的有无，我不知道；然而在现世，则③无聊生者不生，即使④厌见者不见，为人为己，也还都不错。我静听着窗外似乎瑟瑟作响的雪花声，一面想，反而渐渐的舒畅起来。

24. 对下列词语指代的一类人，判断正确的一项是（　　）

①玩物　②活得有趣的人　③无聊生者　④厌见者

A. ①③代指祥林嫂这类人，②④代指鲁四老爷这类人。

B. ①代指祥林嫂这类人，②③④代指鲁四老爷这类人。

C. ①③④代指祥林嫂这类人，②代指鲁四老爷这类人。

D. ①②代指祥林嫂这类人，③④代指鲁四老爷这类人。

25. 开头和结尾都提到瑟瑟的雪花，对此分析不正确的一项是（　　）

A. 为了首尾照应，使文章结构严谨。

B. 表现屋内的静，衬托“我”的无聊，引出联想。

C. 以有声衬托无声，表现冷寂凄凉的气氛，衬托“我”心境的孤寂沉重。

D. 突出雪下得很大。

26. 对文中画线句的分析，不正确的一项是（　　）

A. 祥林嫂活着无依无靠、受穷受苦，死了倒是一种解脱，表现了“我”对祥林嫂悲惨遭遇的无可奈何的内疚之情。

B. 这是反语，表达了“我”对鲁镇阔人、麻木的人们的愤恨和对祥林嫂的同情。

C. 这是“我”的愤激而沉痛的反语，表现了“我”对黑暗社会的憎恨。

D. 句中的“无聊”一词与“在阴沉的雪天里，在无聊的书房里，这不安愈加强烈了”中的“无聊”的意思是不同的。

27. 对文中画线的“则无聊生者不生，即使厌见者不见”一句，诵读停顿正确的一项是（　　）

A. 则/无聊生者/不生，即/使/厌见者/不见

B. 则/无聊生者/不生，即/使厌见者不见

C. 则无聊生者不生，即使/厌见者/不见

D. 则无聊/生者不生，即使/厌见者/不见

三、文言文阅读（每题1分，共16分）

28. 下列各句中，加点词的注音全都正确的一项是（　　）

①一脔（luán）肉　②一镬（huō）之味　③一鼎之调（diào）　④与先王之法亏（guǐ）
⑤连辟（bì）府　⑥积年不徙（tú）　⑦披绣闼（dá）　⑧逸兴遄（chuán）飞
A. ①②④⑧　B. ③⑤⑥⑦　C. ③④⑥⑦　D. ①④⑤⑧

29. 下列句子中，不含通假字的一项是（　　）
A. 愿伯具言臣之不敢倍德也　B. 虽趣舍万殊
C. 亡国破家相随属　D. 自疏濯淖污泥之中

30. 下列句中加点的词，含义与现代汉语词义相同的一项是（　　）
① 较秦之所得，与战胜而得者，其实百倍
② 思厥先祖父
③ 然后得一夕安寝
④ 可谓智力孤危
⑤ 刺客不行，良将犹在
⑥ 吾恐秦人食之不得下咽也
⑦ 而犹有可以不赂而胜之之势
⑧ 胜负之数，存亡之理
⑨ 而从六国破亡之故事
A. ①③⑤　B. ②④⑦　C. ⑥⑦⑧　D. ①⑤⑨

31. 下列对各句句式的说明，不正确的一项是（　　）
A. 吾属今为之虏矣（判断句，“为”表被动）
B. 大王来何操（疑问句宾语前置，“何操”应为“操何”）
C. 项王则受璧，置之坐上（省略句，省略了介词“于”）
D. 然不自意能先入关破秦（否定句宾语前置，“不自意”应为“不意自”）

32. 下列有关文学常识和文化常识的表述，不正确的一项是（　　）
A.《史记》是我国第一部编年体史书，作者司马迁。鲁迅称《史记》为“史家之绝唱，无韵之《离骚》”。
B. 本纪记述皇帝，世家记述诸侯王，列传记述各方面的著名人物。项羽虽没做过皇帝，但他打入咸阳，号令诸侯，因此司马迁把他列入本纪。
C. “秋毫无犯”“劳苦功高”“人为刀俎，我为鱼肉”“项庄舞剑，意在沛公”等成语，均出自《鸿门宴》。
D. 宴席的四面座位，以东向最尊，次为南向，再次为北向，西向侍坐。鸿门宴中“项王、项伯东向坐”，是最上位，范增南向坐，是第二位，再次是刘邦，张良则为侍坐。从座位可看出双方力量悬殊与项羽的自高自大。

33. 对下列句子的翻译，不正确的一项是（　　）
A. 以其求思之深而无不在也。
译文：因为他们探求思考得深入而且广泛。
B. 有志矣，不随以止也。
译文：有了志向，又不盲目地跟随他人而停止前进。
C. 至于幽暗昏惑而无物以相之。

译文：至于那些幽深昏暗使人迷惑的地方却没有外物帮助他。

D. 后世之谬其传而莫能名者。

译文：后人弄错了它流传的（文字）而没有人能够说明情况。

34. 下面加点字的意义不同的一组是（　　）

A. 涂有饿莩而不知发　　春心莫共花争发

B. 弃甲曳兵而走　　斩木为兵

C. 或五十步而后止　　人固有一死，或轻于鸿毛，或重于泰山

D. 是亦走也　　是使民养生丧死无憾也

35. 下列句子的句中停顿，不正确的一项是（　　）

A. 后世之谬/其传而莫能名者，何可胜道也哉！

B. 嗟乎！师道之不传也/久矣。

C. 入之甚寒，问其深，则/其好游者/不能穷也，——谓之后洞。

D. 此所以/学者/不可以/不深思而慎取之也。

36. 下列句中，加点的字与“茂林修竹”的“修”意义相同的是（　　）

A. 掌修国史　　B. 修短随化

C. 修守战之具　　D. 乃重修岳阳楼

37. 下列对活用情况的说明，有误的一项是（　　）

A. 吾得兄事之：兄，名词作状语，像对待兄长一样。

常以身翼蔽沛公：翼，名词作状语，像翅膀一样。

B. 籍吏民，封府库：籍，名词用作动词，登记在册。

沛公军霸上：军，名词用作动词，驻扎。

C. 先破秦入咸阳者王之：王，名词使动用法，使……为王。

沛公欲王关中：王，名词使动用法，使……为王。

D. 素善留侯张良：善，形容词用作动词，交好。

拔剑撞而破之：破，形容词用作动词，击碎、击破。

38. 下列加点词无古今异义的一项是（　　）

A. 论天下之势，致殷勤之意　　B. 圣人无常师

C. 古之学者必有师　　D. 各抱地势，钩心斗角

39. 关于下列句中“为”字，分析正确的一项是（　　）

① 而为秦人积威所劫　　② 为国者无使为积威之所劫哉

③ 邯郸为郡　　④ 圣人之所以为圣

A. ①与②③④读音不同，②③④意义一样。

B. ①②与③④读音不同，意义也不同。

C. ①与②③④读音不同，②③④意义互不相同。

D. ①②与③④读音不同，②③④意义不一样。

40. 下列各项中，判断有误的一项是（　　）

A.《过秦论》借古喻今，过秦的目的是劝唐玄宗施行仁政，以防重蹈秦始皇因施暴政而迅速灭亡的覆辙。

B.《过秦论》的前4个自然段是叙述历史事实：第1自然段写孝公任用商鞅，使秦由弱变强；第2自然段写孝公之后的五位君主“蒙故业，因遗策”，使诸侯“急割地而赂秦”；第3自然段写秦始皇统一天下，国势和暴虐到了极点；第4自然段写陈涉起义，天下云集响应，秦迅速灭亡；第5自然段则转入议论，分析秦灭亡的原因，得出结论。

C.《过秦论》先叙史实，再水到渠成、顺理成章地得出结论，避免了议论的空泛，增强了说服力。

D.《过秦论》除运用排比、夸张、比喻等修辞之外，还运用了丰富的辞藻，使文章酣畅流利，极有文采。

41. 下列有关诗词知识的理解，不正确的一项是（ ）

A. 古体诗，又称古诗、古风，多数通篇是五言或七言句，平仄没有严格规定，用韵比较自由，篇幅一般较长。《诗经》《楚辞》及乐府民歌都属于古体诗范畴。

B. 古体诗、近体诗的划分一般是从产生的时间方面考虑，所以唐代以后的诗歌都被称为近体诗。

C. 近体诗分为律诗和绝句。它在句数、字数、平仄、押韵、对仗方面有严格规定，篇幅虽小，却同样可以显示诗人的独特风格，如李白的清俊飘逸、杜甫的沉郁雄浑等。

D.《琵琶行》是一篇七言长篇叙事诗，继承了汉乐府叙事诗的传统，是初唐以来七言歌行的代表作，带有很强的抒情性。

42. 下列诗句的书写，有误的一项是（ ）

①映阶碧草自春色，隔叶黄鹂空好音　②出师未捷身先死，常使英雄泪满襟　③别有幽愁暗恨生，此时无声胜有声　④我欲因此梦吴越，一夜飞渡镜湖月　⑤安能催眉折腰事权贵，使我不得开心颜

A. ①②③　B. ②③⑤　C. ②④⑤　D. ①③⑤

43. 下列说法有误的一项是（ ）

A.《史记》是司马迁所著，《资治通鉴》是我国第一部纪传体通史。

B.《阿房宫赋》选自《樊川文集》，作者是唐代文学家杜牧。

C.《国殇》选自《九歌》，是一首追悼为国捐躯的将士的挽歌。作者是屈原。

D.“赋”的特征是“铺采摛文，体物写志”。

第 Ⅱ 卷

（共57分）

四、简答题（每小题2分，共6分）

胡同和四合院是一体。胡同两边是若干四合院连接起来的。胡同、四合院，是北京市民的居住方式，也是北京市民的文化形态。我们通常说北京的市民文化，就是指的胡同文化。胡同文化是北京文化的重要组成部分，即使不是最主要的部分。

胡同文化是一种封闭的文化。住在胡同里的居民大都安土重迁，不大愿意搬家。有在一个胡同里一住住几十年的，甚至有住了几辈子的。胡同里的房屋大都很旧了，“地根儿”房子就

不太好，旧房檩、断砖墙。下雨天常是外面大下，屋里小下。一到下大雨，总可以听到房塌的声音，那是胡同里的房子。但是他们舍不得“挪窝儿”，——“破家值万贯”。

44. ① 第 1 自然段的中心句为（限 30 字）：

______

② 第 2 自然段的中心句为（限 12 字）：

______

45. 从语序的角度分析，第 1 自然段有一个倒装式句子，请注意筛选：

① 这个句子的倒装部分为：

______

② 若将全句梳理和调整一下，其正常语序为：

______

46. 这两个自然段的文字告诉我们胡同里的居民有何种心态？其封闭性表现在何处？

① 居民的心态，可概括成两个方面，即：

a. ______；（限 12 字）

b. ______。（限 5 字）

② 胡同文化从居民身上体现出来，其封闭性也表现为两点，它们是：

a. ______；（限 15 字）

b. ______。（限 18 字）

五、口语交际（5分）

李明是××职业学校一名计算机专业的应届毕业生，想到××公司综合部去工作，请你以李明的身份给该公司写一份自荐信。

______

______

______

______

______

六、应用文写作（8分）

新学期刚刚开始，请就本校新近发生的重大事件写一则新闻。要求：格式规范，用语得体、简明。

______

______

______

______

______

七、小作文（8分）

“美”时刻出现在我们的周围，只是我们往往缺乏发现“美”的眼睛。请你谈谈你对“美”的认识和理解。字数不少于200字。

八、大作文（30分）

金钱正以势不可挡的力量进入我们的生活，成为我们生活的一部分。你是怎样理解它的？你与金钱有过怎样的“亲密接触”？请以“金钱”为话题，写一篇文体不限的文章（诗歌除外），字数600字左右。

综合自测题（B卷）

本测试卷分第Ⅰ卷（选择题）和第Ⅱ卷（非选择题）两部分。
共100分，自测用时120分钟。

第 Ⅰ 卷

（共43分）

一、选择题（每小题1分，共15分）

1. 下列各组词语中加点字的读音，全都正确的一组是（　　）

A. 谋（mōo）求　　惩（chéng）罚　　挟（xíe）私报复

B. 发难（nàn）　　商埠（fǔ）　　运筹帷幄（wò）

C. 怯（qiè）弱　　耀（yào）眼　　联袂（què）演出

D. 干戈（gē）　　证券（quàn）　　亘（gèn）古及今

2. 下面句子中，加点字注音有错误的一项是（　　）

A. 当然，“文革”美术除外，因为那个极度亢（kàng）奋时代的人们全都注射了一种病态的政治激素。

B. 这座3 000多年前用巨石砌成的城堡，如今已是坍（tān）塌的山野上的一片废墟。

C. 如果细心察看，仍然可以从中清晰地找到古堡的布局，不同功能的房舍与纵横的甬（yǒng）道。

D. 谢里曼说，在发掘出这些震惊世界的迈锡尼宝藏的当夜，他在这荒凉的遗址上点起篝（gū）火。

3. 下列各组词语中，书写有错误的一项是（　　）

A. 讨嫌　　犯罪嫌疑　　廉正　　物美价廉

B. 璧还　　壁立千仞　　影壁　　珠联璧合

C. 洪亮　　声如洪钟　　宏富　　宏图大略

D. 蒙昧　　素昧平生　　体味　　其中三昧

4. 依次填入下面横线处的词语，最恰当的一组是（　　）

① 2 000多年以前的剑刃还如此锋利，实在令人______。

② ______下岗职工再就业的问题，这份报告专有论述。

③ 澳门回归祖国，将有利于当地经济发展，这是______的。

A. 惊异　　关于　　毋庸置疑　　B. 惊异　　对于　　无可辩驳

C. 诧异　　对于　　毋庸置疑　　D. 诧异　　关于　　无可辩驳

5. 依次填入下面括号中的关联词，最恰当的一组是（　　）

从信息角度看，真话和假话同样可以具有最大的信息量。（　　）从社会角度看，（　　）具有一定信息量而又切题的真话，（　　）有可能获得最佳表达效果，具有一定信息量而又切题的假话，其表达效果同样等于零。这是人所皆知的常识，（　　）是言语表达的最重要的原则之一。

A. 但是　只有　才　也　　　B. 因为　只要　就　也

C. 因为　只有　才　却　　　D. 但是　只要　就　却

6. 依次填入下列句子横线处的词语，正确的一项是（　　）

① 我静静坐在山顶一块山石上，默默享受着这种奇异和美妙的感受，直到夕阳把整个石碑______得金红，仿佛一块烧透了的熔岩。

② 被时光的筛子______下来的只有这些破碎的房宇、残垣断壁、断碑，兀自竖立的石柱，东一个西一个的柱头或柱础。

③ 爱琴王如今还在海底吗？他到底身在哪里？在远处那一片______着波光的“酒绿色的海心”吗？

A. 染　筛　闪　　　B. 闪　筛　染

C. 筛　染　闪　　　D. 染　闪　筛

7. 下列句子中，有语病的一项是（　　）

A. 我在那些欧洲史上最伟大的雕像中间走来走去，只觉得我的眼睛——被那个英雄时代所特有的比传说还神奇的光芒照得发亮。

B. 世界上没有任何东西可以把人带到永远。在岁月的翻滚中，古希腊人的石头已经满是裂痕与缺口，有的只剩下一些残块和断片。

C. 我站在雅典卫城上，我发现对面远远的一座绿色的小山顶上，爽眼地竖立着一座白色的石碑。

D. 希腊人说他们最得意的三样东西就是：阳光、海水和石头。

8. 下列各句中，标点符号使用有误的一句是（　　）

A. 这些光都不是为我燃着的，可是连我也分到了它们的一点点恩泽——一点光，一点热。

B. 每一种活着的东西，（大概还有很多死了的东西），都会留意这声呼唤。

C. 他在一首《戒酒》的戏作中说：“怨无大小，生于所爱；物无美恶，过则成灾。”

D. 荷花变成人了？那不是我们的水生吗？又往左右看去，不久，各人就找到了各人丈夫的脸。

9. 爱因斯坦认为艺术与科学是相通的，其理由分析不当的一项是（　　）

A. 科学与艺术是相互补充的。

B. 科学与艺术体现了一种绝对的和谐美。

C. 科学与艺术都是无限的、永远没有终点的世界。

D. 科学与艺术都以丰富的想象力为心理背景。

10. 下列各项中，对句子运用的表达方式判断错误的一项是（　　）

A. 三峡地跨四川的奉节、巫山和湖北的巴东、秭归、宜昌等5个县市，全长近200千米。（说明）

B. 人生是多么奇怪，多么变幻无常啊！极细小的一件事可以败坏你，也可以成全你！（抒情）

C. 居里夫人的品德力量和热忱，哪怕只要有一小部分存在于欧洲的知识分子中间，欧洲就会面临一个比较光明的未来。（议论）

D. 极目一望，江水平阔，浩渺如海，隔岸青螺数点，微痕一抹，出没于烟雨迷蒙中。（描写）

11. 下列有关应用文知识的表述，正确的一项是（　　）

A. 计划和总结是两种具有对应性的应用文，它们的格式基本相同，写作目的和内容大体一致。

B. 广告词的写作有固定的格式，必须讲究实事求是、主题鲜明和追求新颖、高雅。

C. 会议记录一般分为简要记录、详细记录和过程记录三种。

D. 新闻讲究真实性、时效性、简短性和社会性。

12. 下列各项中，作品、作者、体裁对应有错的一项是（　　）

A. 《米洛的维纳斯》	清冈卓行	散文
B. 《老人与海》	海明威	小说
C. 《祝福》	鲁迅	小说
D. 《国殇》	屈原	歌行体

13. 下列各项有关文学常识的表述，不正确的一项是（　　）

A. 诗歌的语言精练、含蓄，讲究连贯性，阅读时要充分发挥想象和联想，特别要辨出言外之意，听出弦外之音。

B. 散文的特点是选材广泛而主旨集中，结构自由而线索贯穿，表达方式灵活多样。

C. 小说可以突破时空限制，变换叙事角度，多方位、多层次地反映社会、揭示人生。

D. 戏剧的“戏”，就是戏剧冲突，是对社会生活的素材，经过选择、提炼、加工而典型化的矛盾冲突。

14. 下列各项关于阅读方法的表述，不正确的一项是（　　）

A. 辨析是对文章的分辨、剖析。品味重在对文章内容和语言表达等方面精妙之处的赏析、玩味。

B. 概括、提要必须符合原文的意思，不能遗漏重要内容，不能曲解走样。

C. 提纲必须简略，提纲的文字必须简练扼要，可以采用原文语句，也可以用自己的语言来概括。

D. 做批注可以写的内容很多，阅读时对原文内容或表达方面的理解、体会、评判、质疑、勘误，引申开去的看法，由此及彼的联想，都可以写。

15. 下列说法不符合课文意思的一项是（　　）

A. 爱因斯坦最推崇西方古典音乐，是因为音乐对他的科学创见和思想闪光，往往起了催化的作用。

B. 追求科学美的人，往往也极力推崇艺术美，必然像爱因斯坦和普朗克那样酷爱音乐、酷爱文学。

C. 爱因斯坦不仅强调了科学研究中需要“想象力”，尤其强调了艺术创造中的“想象力”对科学创造的激发作用。

D. 要成为创见的科学家，他们不仅需要有丰富的自然科学知识，还必须要有广阔而深邃的文化背景。

二、阅读理解题（每小题1分，共12分）

（一）

我在游览赵长城时，作了一首诗，称颂赵武灵王，并且送了他一个英雄的称号。赵武灵王是无愧于英雄的称号的。大家都知道，秦始皇以全国的人力物力仅仅连接原有的秦燕赵的长城并加以增补，就引起了民怨沸腾。不知什么时候起，在秦始皇面前就站着一个孟姜女，控诉这条举世闻名的万里长城。甚至在新中国成立以后，还有人把万里长城作为“炮弹”攻击秦始皇。而赵武灵王以小小的赵国，在当时的物质和技术条件下，竟能完成这样一个巨大的国防工程而没有挨骂，不能不令人惊叹。

16. “炮弹”一词加上引号，其作用是（ ）

A. 引用　　B. 讽刺　　C. 强调　　D. 比喻

17. 在这段文字中，能表现作者主张的句子是（ ）

A. 我在游览赵长城时，作了一首诗，称颂赵武灵王，并且送了他一个英雄的称号。

B. 赵武灵王是无愧于英雄的称号的。

C. 秦始皇以全国的人力物力仅仅连接原有的秦燕赵的长城并加以增补，就引起了民怨沸腾。

D. 还有人把万里长城作为“炮弹”攻击秦始皇。

18. 作者称赵武灵王是“无愧于英雄的称号的”，他的根据是（ ）

A. 历史资料　　B. 历史传说

C. 引用别人的说法　　D. 作者的推理

19. 作者写秦始皇的目的是（ ）

A. 为了抨击秦始皇的横征暴敛，不得人心。

B. 为了引出孟姜女的传说，从而增添行文的情趣。

C. 将秦始皇和赵武灵王相提并论，肯定秦始皇和赵武灵王一样是个英雄。

D. 突出了赵武灵王是一个英雄，同时也否定了部分人攻击秦始皇的做法。

（二）

世界文学的辉煌殿堂对每一位有志者都敞开着，谁也不必对它收藏之丰富望洋兴叹，因为问题不在于数量。有的人一生中只读过十来本书，却仍然不失为真正的读书人。还有人见书便生吞下去，对什么都能说上几句，然而一切努力全都白费。因为教养得有一个可教养的客体做前提，那就是个性或人格。没有这个前提，教养在一定意义上便落了空，纵然能积累某些知识，却不会产生爱和生命。没有爱的阅读，没有敬重的知识，没有心的教养，是戕害性灵的最严重的罪过之一。

当今之世，对书籍已经有些轻视了。为数甚多的年轻人，似乎觉得舍弃愉快的生活而埋头读书，是既可笑又不值得的；他们认为人生太短促、太宝贵，却又挤得出时间一星期去泡六次咖啡馆，在舞池中消磨许多时光。是啊，“现实世界”的大学、工场、交易所和游乐地尽管那么生气蓬勃，可整天待在这些地方，难道就比我们一天留一两个小时去读古代哲人和诗人的作品，更能接近真正的生活吗？不错，读得太多可能有害，书籍可能成为生活的竞争对手。但是尽管如此，我仍然不反对任何人倾心于书。让我们每个人都从自己能够理解和喜爱的作品开始阅读吧！但单靠报纸和偶然得到的流行文学，是学不会真正意义上的阅读的，而必须读杰作。杰作常常不像时髦读物那么适口，那么富于刺激性。杰作需要我们认真对待，需要我们在读的时候花力气、下功夫。

20. 作者说“有的人一生中只读过十来本书，却仍然不失为真正的读书人”，对此分析最深刻的一项是（　　）

A. 在阅读中产生爱和生命的情感体验，能够尊重知识，能够获得的教养的人才是真正的读书人。

B. 学以致用的人是真正的读书人。

C. 有创新精神的人是真正的读书人。

D. 不追求所读书的数量，而追求质量的人是真正的读书人

21. 作者写道：“因为教养得有一个可教养的客体做前提，那就是个性或人格。”对此句理解有错误的一项是（　　）

A. 读书人必须具有获得教养的愿望，有完整的人格，有个性追求。

B. 如果没有个性或人格，就没有真正意义上的阅读，就不能获得真正的教养。

C. 没有个性或人格，教养在一定意义上便落了空，纵然能积累某些知识，却不会产生爱和生命。

D. 有教养者必有个性、人格魅力，阅读是有效的。无教养者没有个性或人格，便无资格谈阅读。

22. 对“不错，读得太多可能有害，书籍可能成为生活的竞争对手”这句话理解有误的一项是（　　）

A. 读书时“两耳不闻窗外事，一心只读圣贤书”，只获得僵死的知识，没有获得鲜活的意识和理解，就是有害的。

B. 不能为读书而读书。否则就不能接近真正的生活，反而与读书的目的背道而驰，成了“死读书”，“读死书”，这样的读书是有害的。

C. 孔乙己、范进等都是受了读书之害的例子。

D. 将读书与生活对立起来，将书中的生活误为现实的生活，书中的人物与现实生活中的人物互不相容，成为竞争对手。

23. 对“单靠报纸和偶然得到的流行文学，是学不会真正意义上的阅读的，而必须读杰作”一句分析有错误的一项是（　　）

A. 流行文学只是快餐文化，无法让人获得真正意义上的教养。

B. “杰作”即“经典”。能够使阅读者经历一番文化濡化的过程，可以改变一个人的气质，可以使一个人的精神境界变得高尚，能够留给读者思想、经验、象征、幻想和理想的巨大财富。

C. 真正意义上的阅读，才能获得真正意义上的教养。

D. 流行文学不是真正意义上的文学，所以没有阅读价值。

（三）

他从右边走来，我打开车门，让他坐在旁边，开动车子。他是个很活泼的小家伙，却不知怎的忽然沉默起来。想了一会儿，一双眼睛又慢慢地从自己那两条向上卷曲的长睫毛下打量着我，叹了一口气。这样的一个小雏儿，可已经学会叹气了。难道他也应该来这一套吗？我就问他说："凡尼亚，你的爸爸在哪儿呀？"他喃喃地说："在前线牺牲了。""那么妈妈呢？""妈妈当我们来的时候给炸死在火车里了。""你们是从哪儿来的呀？""我不知道，我不记得……""你在这儿没有一个亲人吗？""没有一个。""那你夜里睡在哪儿呢？""走到哪儿，睡到哪儿。"

这时候，我的热泪怎么也忍不住了。我就一下子打定主意："我们再也不分开了！我要领他当儿子。"我的心立刻变得轻松和光明些了。我向他俯下身去，悄悄地问："凡尼亚，你知道我是谁吗？"他几乎无声地问："谁？"我又同样悄悄地说："我是你的爸爸。"

天哪，这一说可说出什么事来啦！他扑在我的脖子上，吻着我的腮帮、嘴唇、前额，同时又像一只太平鸟一样，响亮而尖利地叫了起来，叫得连车厢都震动了："爸爸！我的亲爸爸！我知道的！我知道你会找到我的！一定会找到的！我等了那么久，等你来找我！"他贴住我的身体，全身哆嗦，好像风下的一根小草。我的眼睛里蒙上了雾。我也全身打战，两手发抖……

24. 孩子是活泼的，在幼小的孩子脸上不协调地出现"沉默""打量"和"叹了一口气"这类成人的神态动作，意在表现什么？下面分析有错误的一项是（ ）

A. 这样写，意在表现战争孤儿流浪漂泊，过早接触人世痛苦的境况。

B. 侧面表现战争对人们的摧残。

C. 早熟的动作，使人们禁不住流下心酸的泪水。他们本该拥有无忧无虑的童年，但法西斯夺走了他们的幸福。

D. 因为战争中的颠沛流离，失去双亲，凡尼亚长得很瘦小，身体也不好，他对自己的境况十分感伤。

25. 对"我的心立刻变得轻松和光明些了"的原因分析，有错误的一项是（ ）

A. 因为"我"决定领养孤儿凡尼亚。

B. 因为战争，凡尼亚失去了双亲，而"我"也失去了妻子儿女，从此凡尼亚有了父亲，"我"也拥有了儿子。幸福正慢慢回到"我"的身边。

C. 想让这个可怜的孤儿把自己当作父亲的善意的谎言，来自于满腔的父爱。

D. 因为凡尼亚和自己的亲生儿子长得非常相像，从他身上，"我"看到了儿子的影子，可以使自己觉得儿子还活着。

26. "像一只太平鸟一样，响亮而尖利地叫了起来……他贴住我的身体，全身哆嗦，好像风下的一根小草"，对这段话的分析有错误的一项是（ ）

A. 运用比喻手法，生动形象地描绘了孩子在听到"我是你的爸爸"后的表现，表现了战争给人造成的伤害，震撼人心。

B. 战争摧残了孩子的身心，意外得到而又害怕再次失去，使凡尼亚表现内心欢乐的方式也与常人不同。

C. 表现了凡尼亚对索科洛夫的情感依恋。

D. 凡尼亚"好像风下的一根小草"，这句话既是形似也是神似，表现了凡尼亚的矮小、柔弱不堪。

27. 对课文的理解，完全正确的一项是（　　）

A. 小说采用第二人称叙述的方式，叙述语言体现了强烈的个性色彩。

B.《一个人的遭遇》是节选，小说用的是口述式，与常见的“口述实录”不同。作者是受到一位老兵故事的启发而创作的，是纪实小说。

C. 领养凡尼亚这一部分描写笔触细腻，因为这件事是索科洛夫从战争创伤中走出来的重要转机。凡尼亚是索科洛夫余生的精神慰藉。

D. 索科洛夫饱受战争痛苦，他的叙述始终是伤感的，然而又流露出逆来顺受、几近麻木的心情。

三、文言文阅读（每小题1分，共16分）

28. 下列关于《孟子》的说法，不恰当的一项是（　　）

A.《孟子》与《论语》《大学》《中庸》并称儒家“四书”。

B.《孟子》是一部记录春秋末期思想家孟子言行的书，是儒家学派的经典著作之一。

C.《孟子》由孟轲及其弟了编成，内容涉及政治活动、政治学说以及哲学、伦理、教育思想。

D. 多用比喻、对比、排比手法，长于论辩是孟子散文的主要特色。

29. 对《兰亭集序》的分析解说，有错误的一项是（　　）

A.《兰亭集序》是王羲之的旷世之作，不仅文辞优美，而且在书法史上也获得盛誉，又称“兰亭序”。

B.《兰亭集序》表现了对大自然优美景象的赞美，同时又流露出对人生“修短随化”的无限感慨。

C.《兰亭集序》先记叙了这次集会的时间、地点、缘起、盛况和个人感受，由景生情，缘情入理，景、情、理达到了高度的统一。

D.《兰亭集序》语言华美典雅，叙议结合，使人读后如含醴酪，回味无穷。

30. 以下各项，表述错误的一项是（　　）

A. “四书”指中国儒家四本经典著作，即《大学》《中庸》《论语》《孟子》。

B. “五经”即《诗》《书》《易》《礼》《乐》，为中国古代五部儒家经典。

C.《战国策》是记载西周、东周及秦、齐、楚、赵、魏、韩、燕、宋、卫、中山诸国历史的重要著作。

D.《资治通鉴》是我国最大的编年体通史。

31. 下面词语都是由同义词构成的一组是（　　）

A. 颜仪　登即　谓言　遗施　覆盖　纨素

B. 否泰　婚姻　交通　绫罗　装束　驱遣

C. 悲摧　宦官　扶将　誓违　问讯　教训

D. 许和　娇逸　嬉戏　蒲苇　磐石　丝履

32. 下面句中加点词用法不同的一项是（　　）

A. 便可白公姥　昼夜勤作息　B. 我有亲父兄　其日牛马嘶

C. 逼迫兼弟兄　　后嫁得郎君　　　　D. 进退无颜仪　　好自相扶将

33. 下列句中加点词语的解释，有错误的一项是（　　）

A. 因遗策（由于）　　　　　　　　　膏腴之地（肥沃）

B. 亡矢遗镞（损失）　　　　　　　　秦有余力而制其弊（困乏、疲惫）

C. 瓮牖绳枢（窗户）　　　　　　　　据崤函之固（险固的地势）

D. 履至尊（登上）　　　　　　　　　以致天下之士（招纳）

34. 下列句子中，对"之"字词性及用法归类正确的一项是（　　）

①珍宝尽有之　②项伯乃夜驰之沛公军　③为之奈何　④夫秦王有虎狼之心　⑤与之同命　⑥沛公之参乘樊哙者也　⑦立而饮之　⑧赐之彘肩　⑨此亡秦之续耳　⑩吾属今为之虏矣

A. ①③④⑦⑨ \ ②⑤ \ ⑥⑧⑩　　　　B. ①③⑤⑦⑧⑩ \ ② \ ④⑥⑨

C. ①②⑥⑨ \ ④⑧ \ ③⑤⑦⑩　　　　D. ①⑦ \ ②⑥⑧⑨⑩ \ ③④⑤

35. 下列句中，加点字的活用与其他三句不同的一项是（　　）

A. 外连衡而斗诸侯　　　　　　　　B. 胡人不敢南下而牧马

C. 却匈奴七百余里　　　　　　　　D. 诸侯恐惧，会盟而谋弱秦

36. 下面句子中，与例句句式相同的一句是（　　）

例句：树之以桑

A. 非我也，岁也　　　　　　　　　B. 数口之家可以无饥矣

C. 或五十步而后止　　　　　　　　D. 战于长勺

37. 下列句子中，不属于倒装句的一句是（　　）

A. 蚓无爪牙之利，筋骨之强　　　　B. 因击沛公于坐

C. 古之人不余欺也　　　　　　　　D. 恐为操所先

38. 下列句子中，使用的修辞手法与其他三句不同的一句是（　　）

A. 君不见黄河之水天上来，奔流到海不复回

B. 试问闲愁都几许？一川烟草，满城风絮，梅子黄时雨

C. 众里寻他千百度，蓦然回首，那人却在，灯火阑珊处

D. 晓来清镜添白雪，上床与鞋履相别

39. 以下标明的成语出处，完全正确的一项是（　　）

①秋毫无犯　②刻舟求剑　③劳苦功高　④游刃有余

A. ①②《史记·项羽本纪》　③《吕氏春秋》　④《庄子》

B. ①《史记·项羽本纪》　②③《庄子》　④《吕氏春秋》

C. ①《吕氏春秋》　②《庄子》　③④《史记·项羽本纪》

D. ①③《史记·项羽本纪》　②《吕氏春秋》　④《庄子》

40. 下列各句中，加点的词语与现代汉语用法相同的一项是（　　）

A. 养生丧死无憾，王道之始也　　　B. 五亩之宅，树之以桑，五十者可以衣帛矣

C. 夫颛臾，昔者先王以为东蒙王　　D. 忠之属也，可以一战

41. 对《孔雀东南飞》中刘兰芝"举身赴清池"、焦仲卿"自挂东南枝"双双殉情的理解，最正确的一项是（　　）

A. 两人不能忍受封建家长制和封建礼教的迫害，以死来解脱夫妻被拆散的痛苦。

B. 由于封建迷信思想的影响，二人相信人死后灵魂可以见面，因此以死来求得团聚。

C. 在封建家长制和封建礼教统治下，他们不敢以斗争去争取幸福，却以死来逃避现实。

D. 二人的殉情，既表现了他们对爱情的忠贞不渝，也是对封建家长制和封建礼教的控诉和反抗。

42. 对“所以遣将守关者，备他盗之出入与非常也”一句话的意思理解，不恰当的一项是（　　）

A. 派遣将士守关的原因，是防备其他盗贼的进入和意外事故。

B. 所以派遣将士守关，是为了防备其他盗贼的进入和意外事故。

C. 用派遣将士守关的办法，来防备其他盗贼的进入和意外事故。

D. 之所以派遣将士守关，是为了防备其他盗贼的进入和意外事故。

43. 对《游褒禅山记》一文中的句子的理解，不正确的一项是（　　）

A. “庐陵萧君圭君玉”一句中，“君圭”是名，“君玉”是字。

B. “至和元年七月某日”一句中，“至和”是以皇帝的年号纪年的。

C. “临川王某记”一句中，“临川”是王安石的籍贯，“某”代王安石。

D. “长乐王回深父”一句中，“父”是对人的尊称。

第 Ⅱ 卷

（共 57 分）

四、简答题（每小题 3分，共 6分）

在罗丹艺术博物馆里罗丹先生并没有艺术家们常有的那种罗曼蒂克派头，倒像是一位拘谨的绅士、严谨的学者。他头戴老式的礼帽，身穿黑色的服装，须发皆白。飘拂在胸前的稀疏的银丝，看上去像是闪闪发亮的轻雾。他没有瞧我，侧着头，眼光仰视着上前方，似乎在追踪一个遥远的目标……

在看这些雕像的时候，我强烈地感到：罗丹所塑造的人物像，都远远不及希腊雕塑那么优美、完整和典雅。他们显然不是以形体美取胜，而往往带有这种不足或那种缺陷。达鲁的胸像，肋骨毕露；罗朗的头像，眼眶相当难看，似乎有眼病……以至我们完全可以说，表现畸形与丑陋，是罗丹雕塑的一个相当重要的倾向。

“平常人总以为凡是在现实中被认为是丑的，就不是艺术的材料，这是他们的大错。在自然中一般人所谓‘丑’，在艺术中能变成非常的‘美’。一个伟大的艺术家攫取了这个‘丑’或那个‘丑’，只要用魔杖触一下，‘丑’化成‘美’了。这是点金术，这是仙法！”罗丹如是说，他的眼睛仍然仰视着上前方。

艺术中的美丑，当然与生活中的美丑不同，生活中的“丑”可以成为艺术中的“美”，但只有当这“丑”被艺术家表现得有内心世界、有心理深度的时候。罗丹先生只是为了给人一种刺激，使人感到触目惊心才刻意追求形体上的缺陷与丑陋吗？

“不，在艺术中，有‘性格’的作品才是美的。所谓性格，就是外部真实所表现的内在的真实，就是人的面目、姿势和动作所表现的灵魂、感情和思想。自然中被认为是丑的，往往要比那被认为是美的更显露它的‘性格’，因为内在的真实在愁苦的病容上，在皱蹙秽恶的瘦脸上，在各种畸形与残缺上，比在正常健全的相貌上更加明显地呈露出来。在艺术中，只有那些没有性格，就是说不显示外部与内在真实的作品才是丑的。”罗丹如是说，他的眼睛仍然仰视着上前方。

（节选自柳鸣九《在罗丹艺术博物馆里》，
《散文鉴赏文库·当代卷》，百花文艺出版社 1993 年版）

44. 仔细推敲文中所引罗丹的话，回答下面三个问题。

① 罗丹认为何谓艺术中的“美”？

② 罗丹认为何谓艺术中的“丑”？

③ 罗丹说怎样把“丑”变为“美”？

45. 文中多次描写道：他的眼睛仰视着上前方。这样描写，分别从文章结构和内容的角度来审视，会产生什么审美情趣？

① 从结构的角度看，其审美情趣为：________；（限 16 字）

② 从内容的角度看，其审美情趣在于：________。（限 17 字）

五、口语交际（5分）

在菜场调查时发现，仍有一些卖菜者在热情地帮顾客用塑料袋装菜。一位同学问：“不是禁送塑料袋了吗？”卖菜者指着旁边的摊位说：“大家都在送，我不送，你会买我的菜吗？”如果你在现场，你会怎样劝说这位卖菜的人？要求符合人物身份，简明、得体。

六、应用文写作（8分）

某校成功举行了技能操作竞赛，请据此撰写一则新闻，不要出现真实的校名、班级，字数不少于 150 字。

七、小作文（8分）

以“家乡春色”为描写主题，写一篇 150 字左右的短文，要求恰当使用两种以上的修辞格。

八、大作文（30分）

阅读下面三段材料：

① 我们每走一步都要记住：我们统治自然界，绝不像征服者统治异族那样，绝不是像站在自然界之外的人似的，——相反地，我们连同我们的肉、血和头脑都是属于自然界和存在于自然界之中的；我们对自然界的全部统治力量，就在于我们比其他一切生物强，能够认识和正确运用自然规律。

② 人类将会杀害大地母亲，抑或将使她得到拯救？如果滥用日益增长的技术力量，人类将置大地母亲于死地；如果克服了那导致自我毁灭的放肆的贪欲，人类则能够使她重返青春。而人类的贪欲正在使伟大母亲的生命之果——包括人类在内的一切生命造物付出代价。何去何从，这就是今天人类所面临的斯芬克斯之谜。

③ 这个世界的启示在荒野。大概，这也是狼的嗥叫中隐藏的内涵，它已被群山所理解，却还极少为人类所领悟。

根据以上材料，确定一个话题写一篇作文。要求：题目自拟，文体不限（诗歌除外），不少于600字。

附录

第一单元参考答案

一　胡同文化

一、1. A　2. B　3. A. 安土重迁　B. 冷眼旁观　C. 逆来顺受　D. 安分守己　4. C

二、(一) 5. A　6. B　7. 北京人易于满足，他们对物质生活要求不高。　8. 这句出自一个曾经“在国子监当过差，伺候过陆润庠、王垿等祭酒的”老“北京人”的话，说话人心满意足的神情跃然纸上，不仅反映了北京人易于满足的性格，而且对“北京人”唯我独尊的皇城意识，不想追求新的东西，保守、封闭的心态做了淋漓尽致的诠释，使文章的中心更加鲜明突出。仿句略。

(二) 9. A　10. “明日黄花”语出宋代苏轼诗词，《九日次韵王巩》：“相逢不用忙归去，明日黄花蝶也愁。”《南乡子·重九涵辉楼呈徐君猷》：“万事到头都是梦，休休，明日黄花蝶也愁。”“黄花”，菊花。原指重阳节过后，菊花已萎，无欣赏价值了，后用于感慨好事已成过去或过时的东西。　11. 传统文化是指历代存在过的种种物质的、制度的和精神的文化实体和文化意识，具有鲜明的时代性和民族性。　12. 对传统文化要批判继承，取其精华，去其糟粕，祭祀祖先与搞迷信活动有根本区别。

二　废墟的召唤

一、1. B　2. A　3. C　4. B

二、(一) 5. B　6. C　7. D　8. 这句话用拟人的手法，不仅表现了作者内心时不我待的情怀，而且是在召唤人们尽“每一个我”的责任，号召人们投身改革开放的大潮中，“改造这凝固的历史”。风在召唤人们留下来，改造这凝固的历史。

(二) 9. A　10. ①小心翼翼：恭敬而谨慎。现在用来形容举动十分谨慎，丝毫不敢疏忽。②名副其实：名称或名声与实际相符合。③得不偿失：得到的抵不上失去的。造句略。
11. B　12. 废墟是祖辈曾经发动过的壮举，会聚着当时当地的力量和精粹；废墟能提供破读的可能，散发着让人流连盘桓的磁力。

三　过万重山漫想

一、1. A　2. D　3. C　4. B

二、(一) 5. C 6. D 7. 是指第一个穿过三峡的人要从闭塞的四川盆地走出去，走向“开放”的外界。 8. 略。

(二) 9. B 10. B 11. “清谈者”是指高谈阔论、不行动的人；“酣睡者”是指贪图安逸、安于现状、不思进取的人。 12. 如：“清谈者”不屑一顾地说：“这有什么了不起的，如果我想做的话，早就成功了。”“酣睡者”睡梦中迷迷糊糊地说：“是吗？这与我有关系吗？”

四 西安这座城

一、1. C 2. B 3. A 4. C

二、(一) 5. 这里指它不再是国都，不再是政治、经济、文化的中心。 6. ①质朴大方，悲喜分明。②少语多行，善思沉默，崇拜智慧，鄙夷油滑。③整体雄浑，无琐碎甜腻。④关心国事，放眼全球。 7. ①欣赏秦腔、皮影木偶。②吃饭使用粗瓷大碗。③看社戏、踩高跷、放火铳，敲纯粹的鼓乐。④土得掉渣的话，是文言文中极典雅的词语。⑤随便一户人家都摆设了书法绘画、古陶旧瓷。 8. 这样写给人以亲切感，同时让人真切地感受到作者的自豪。

(二) 9. C 10. C 11. 历史的风云、民族的仇恨、正与邪的搏击、爱与恨的纠缠、知识的积累、感情的浇铸、艺术的升华、文字的锤打……如地壳内岩浆的滚动鼓胀，冲击积聚。12. 辛弃疾虽然因历史与社会的歪打正着成不了爱国志士、民族英雄，但因“时代的运动”却成了一位既有思想光芒又有艺术魅力的诗人，在历史上同样功不可没。

拓展延伸

(一) 略。

(二) 1. B 2. D 3. 肆无忌惮：无所顾忌，任意妄为。 光天化日：形容大庭广众，人所共见的地方。 刻骨铭心：比喻牢记心上，永远不忘。 助纣为虐：帮助纣去干坏事。比喻帮助坏人作恶。 趁火打劫：趁人家失火的时候去抢人家的东西。比喻趁紧张危急的时候侵犯别人的权益。 4. C 5. C 6. D 7. 表达了作者对民族败类与帝国主义者勾结起来毁坏圆明园行径的极大义愤和满腹悲伤之情。 8. 略。

第二单元参考答案

六 过秦论

一、1. C 2. A 3. A 4. D

二、(一) 5. B 6. D 7. B 8. 领袖的地位、指挥作战的能力、军队的素质和装备。

(二) 9. B 10. C 11. 假设，使，则，转折，而。12. 自身。

七 鸿 门 宴

一、1. D 2. B 3. A 4. C

二、(一) 5. (1)“郤”通“隙”;(2)“内”通“纳”。6. 项王、项伯,范增,刘邦,双方力量的悬殊以及项羽的自高自大。7. ①“瞋目视项王,头发上指,目眦尽裂。”② 先发制人,使项羽陷于“不义”,表明即使刘邦在关中称王也是合法的,然而刘邦不这样做,这是对项羽极大的尊重。 ③“劳苦而功高如此……此亡秦之续耳。” ④ 项王赐酒、赐彘肩、赐座,化解了一触即发的危险,使刘邦得以顺利脱身。 8. 在与项羽力量对比悬殊的情况下,暂时缓和矛盾,以图长远打算。刘邦的性格特点是:工于心计、善于应变、擅长用人、能言善辩。

(二) 9. C 10. 杀害有功的人,猜疑贤良的人。 11. 夫运筹策帷幄之中,决胜于千里之外。 12. 高起、王陵认为刘邦取得天下的原因是与天下同利;刘邦认为自己取得天下的原因是善用人才。第三问略。

八 寡人之于国也

一、1. A 2. D 3. B 4. D

二、(一) 5. D 6. B 7. D 8. D

(二) 9. (1) 通“悦”,高兴。(2) 使命。(3) 出使。(4) 对。10. D 11. 哪里有舍弃主要的而问次要的问题的呢? 12. 以民为本。

九 兰 亭 集 序

一、1. B 2. C 3. C 4. B

二、(一) 5. B 6. C 7. B 8. D

(二) 9. ①靠静来修养身心。②靠俭来涵养自己的德行修养。③不抛开功名利禄就不能表明自己崇高的志向。④不做到安静就不能高瞻远瞩。 10. 从“静以修身,俭以养德”两方面论述。从学习的重要性、学习必须要有志向等方面展开论述。 11. 用意是劝勉儿子勤学立志,修身养性要从淡泊宁静中下功夫,最忌荒唐险躁。 12. 非淡泊无以明志,非宁静无以致远。

拓 展 延 伸

(一) 略。

(二) 1. 遑:来不及实行。自广:自我安慰。过:超过。本:本源。 2. A 3. C 4. B 5. D 6. D 7. C 8. A 9. D 10. 略。

第三单元参考答案

十一　祝　　福

一、1. D　2. B　3. C　4. B

二、（一）5. ① D　② B　6. B　7. A

（二）8. ①和祥林嫂一样命运悲苦的贫穷受欺的人。②鲁四老爷一类的富人。③像祥林嫂这样贫穷无靠、难以活命的人。④鲁四老爷之类的封建统治者、卫道士。　9. 反映了社会上对祥林嫂悲剧的冷淡，这一切都增强了祥林嫂遭遇的悲剧性，也烘托了“我”对祥林嫂命运的同情和对当时社会的激愤之情。

（三）10. 姑娘先是“迷惘”，到后来“望着雨丝掩映的那个身影，忽然咬紧嘴唇，眼里闪出异样的光……”表明姑娘先是对爱情徘徊不定，后来被小伙子的行为感动，决心确立爱情，并对未来的爱情充满了信心。　11. “永恒的旋律”就是指无私伟大的爱情。两个爱好艺术的年轻人彼此相爱，心牵对方，只想着对方。他们自己的爱情已经成为一种艺术，奏出人间至善至美的永恒旋律。文中描写《天鹅湖》最后一景的乐曲，烘托故事氛围，暗示小伙子与姑娘的爱情最终走向成功。　12. CE（C 项“我”也被人间美好的爱情所陶醉，讴歌了纯美、真挚的爱情；E 项对于人间的爱情说得太绝对）

十二　春　之　声

一、1. B　2. B　3. D　4. A

二、（一）5. 突出闷罐子车窗口小，从而揭示闷罐子车条件简陋、落后。（当然还可进一步挖掘其象征意义，合情合理即可）　6. 流动的线索：火车的噪音—歌曲乐音—广州风铃的清音—美国的抽象派音乐—杨子荣的咏叹调—京剧锣鼓的噪音。意识流动的根据：上述词语内在的逻辑语义串联递接，赋予了语言文字的条理性和有序性，显示了意识流动时相似、相近、相关联想的形象思维特征。如铁轨被钢轮撞击发出的噪音，使人联想到了京剧锣鼓中的不和谐，而作者忧国忧民之情思也自然寄寓其中。　7. 内地与沿海、中国与外国、过去与现在的对比，显示我们生活出现的转机。　8. “一次就够用了”写出了主人公被命运作弄后的无奈与自嘲。“4 天”“22 年”一组鲜明的对比，写出了主人公遭遇的坎坷，也表达了作者被平反后再回到故里时内心复杂的感受。

（二）9. 表现父亲年老、劳累、体弱，更需要照顾和营养，为下文中柱子的流泪做了铺垫。10. 一是说明柱子家乡的贫穷及其原因；二是说明父亲要柱子走出大山的原因。　11. 第一次，因老弱的父亲顽强地支撑家庭而心痛和感动；第二次，因贫穷的母亲一次次为自己借钱而心痛和感动；第三次，因父亲那种深深的无声的爱而心痛和感动。　12. 因为柱子知道，只有努力学习，走出大山，才是报答父亲，才能报答父亲。

十三　一个人的遭遇（节选）

一、1. C　2. D　3. A　4. B

二、(一) 5. 反映了索科洛夫得知儿子下落后对未来和平生活的美好憧憬。联系下文，突出战争的残酷性。　6. 表层的意思是索科洛夫自从上了前线与家人分别，就再没有见过家人，几年中儿子已经长大成人。深层意思是索科洛夫憧憬着战争结束后的和平生活，然而，他等来的是儿子牺牲的消息，而且是战争结束的那一天。对儿子遗容的描写更让人感到悲伤。　7. 战争夺走了索科洛夫的全部希望，他不想回到令人伤心的故乡。

(二) 8. 并不矛盾。"陌生"是指其相识时间短，而"亲近"则是指"我"与这个人在严酷的战争环境中经历相同而心心相印。　9. 坚强的男人不会轻易流泪，但此时此地怎不令人伤心，突出了战争给人带来的伤害。　10. 比喻。"空前强烈的风暴"比喻战争，说明其残酷性；"抛到异乡的沙子"比喻"两个失去亲人的人"。深刻含义：战争是残酷的，个体的人在它面前根本没有什么选择，只能受到伤害。

(三) 11. 引出小说的情节发展，是情节的开端；与下文老人请"我"拍假电报形成鲜明对比；创设灵魂迷失的典型环境。　12. D（并非指责，而是殷切的期望）

十四　老人与海（节选）

一、1. A　2. A　3. D　4. C

二、(一) 5. 老人现在已经筋疲力尽，虽有战胜困难的信心，但也希望这只是一场梦。6. 他热爱大海、热爱生命，但却不得不捕鱼来维持生活。　7. 他热爱大海、热爱生命，即使是把他累得筋疲力尽的大鲨鱼，在他眼里也是生动的、美丽的。

(二) 8. C　9. B　10. 用"急""大""迅速""奔"等词语突出了水流湍急的特点，表现了在此游泳的困难，表现了"我"敢于挑战的勇气和信心。　11. 害怕、紧张、喜悦。12. 略。(开放题，要求能围绕家庭教育问题谈，观点正确，语言得体)

拓展延伸

(一) 略。

(二) 1. 序幕（或"引子"）；为全文情节的展开做铺垫。　2. 自认为悟透了人生，感到一切都没意思，只有死才伟大，才永恒。(意思对即可)　3. 一个人的人生观、世界观决定着人的精神面貌，执迷于错误的人生观十分危险，因此应不断地改造自已、提高自已。　4. 结尾句说明了深刻的人生哲理：人只有在帮助别人的过程中才会明白人生的真正价值和意义，不断创造劳动成果的人才会享受生活、品味幸福。这一结尾有揭示、深化主题的作用，且寓意深刻、启人深思。　5. ACE　6. 略。

第四单元参考答案

十六　文学的趣味

一、1. A　2. C　3. A　4. A

二、（一）5. D　6. C　7. B　8. 一切价值都由比较得来，“登东山而小鲁，登泰山而小天下”，阅读、比较的作品愈多，鉴别力也就愈可靠。

（二）9. 文字与文学作品的界线。　10. 文学创作先要有一种情致，然后要找出可以烘托这种情致的具体事物，最后要找出适当的文辞把这个情思化合体表达出来。　11. 艺术是“人为的”，它与自然处在对立的地位；艺术创造也并非无中生有，它以自然为本。　12. B　13. 雕刻家的任务是把一块顽石雕成一个既有完整的形式，又有灵有肉的生命的石像。

十七　运用之妙，存乎一心

一、1. B　2. （1）指为了一个恰当的字，不知不觉捻断了好几根胡子。（用脑思索时不自觉的动作）（2）比喻把不好的作品改好。（3）歌曲。（4）易，换；索然，没有意味、没有兴趣的样子。　3. A　4. D　5. A　6. C

二、（一）7. 所谓“一字师”就是说改了一个字，即把“数”字改为“一”字，使诗的意境符合“早梅”二字的命意，让人甘拜为师。　8. 作者以“一字师”的典型例证，说明“一”字虽属数的概念，却能在表现诗歌的意境中起到巨大的作用。　9. 第一句既形容了寒梅的洁白如玉，又照应了“寒”字。写出了早梅凌寒独开的风姿。第二句写这一树梅花远离人来车往的村路，临近溪水桥边。一个“迥”字，一个“傍”字，写出了“一树寒梅”独开的环境。第三句，说一树寒梅早发的原因是由于“近水”。第四句回应首句，一个“不知”加上一个“疑是”，写出诗人远望似雪非雪的迷离恍惚之境。最后定睛望去，才发现原来这是一树近水先发的寒梅，诗人的疑惑排除了，早梅之“早”也点出了。诗人的感受和发现既凸现了探索寻觅的惊喜，也烘托出早梅似玉如雪、凌寒独放的风姿。　10. 作者对诗的意象、意境、意趣等进行细致的分析，第一，可以更好地理解诗句，以及诗句与观点的内在联系；第二，引导读者认识诗人如何形成审美意象，又如何巧选“最恰当的字眼”表现出“最美的意境”；第三，引导读者通过语言文字体会诗中的审美意象，产生美感。

（二）11. 能够在朴素自然的风格中立新意、造新语，于平淡之中见神奇。　12. 韩愈的话是说去陈言不容易，作者引用这句话是为了进一步说明，朱自清的文章不仅“去陈言”，而且还“做到新鲜而自然”，比起韩愈说的更是难上加难，从而突出了朱自清散文在写作技巧上的借鉴价值。　13. 作者引用了大量的原文，并对引文进行了精辟入微的分析，细致揣摩朱自清散文的写作技巧，不仅使人觉得言之有理、论之有据，而且让人欣赏到朱自清散文的精妙之处，体会到其艺术魅力之所在。

十八　爱因斯坦与艺术世界

一、1. A　2. C　3. 不一样。第一句是反问句；第二句是疑问句。　4. 略。

二、(一) 5. 艺术的想象力，往往会刺激科学所必需的想象力。　6. D　7. C　8. 如果没有诗人般的想象力，爱因斯坦就不可能以惊人的洞察力阐明相对性原理。

(二) 9. C　10. 一个人在独立思考过程中广泛的知识积累很重要。　11. 袁枚之所以“不受古人欺”是因为他“双眼自将秋水洗”，有丰富的积累，有独立的思考，有善于质疑的精神。　12. 一些事物我们原来以为没有关系，后来经过研究发现它们之间存在着这样那样的联系——这种发现就是独创性。

十九　音乐就在你心中

一、1. C　2. D　3. D　4. B

二、(一) 5. 音乐具有神奇的魅力。　6. (1) 比喻、排比。　(2) 通感、移就。7. 从不同感官的不同感觉来描写。　8. B

(二) 9. B　10. 中国的各种艺术善于运用舞蹈形式中辩证地结合着虚和实的独特的创造手法，从而造成了中国艺术在世界上的特殊风格。　11. 略。　12. 略。

拓展延伸

(一) 略。

(二) 1. C　2. D　3. (春眠不觉晓，) 处处闻啼鸟。夜来风雨声，花落知多少。作者：孟浩然。　(床前明月光，) 疑是地上霜。举头望明月，低头思故乡。作者：李白。　4. 我们通过这本书所赋予的感觉来体味世界，体味美丽、缺憾和爱。　5. D　6. D　7. B　8. A　9. 缺主持人，没有落款。　10. 略。

第五单元参考答案

二十一　想北平

一、1. D　2. A　3. A　4. D　5. D　6. D

二、(一) 7. 运用了对比手法。通过北平与欧洲的四大“历史的都城”对比，突出“北平既复杂而又有个边际”的特点，表达了作者对北平发自内心的热爱与怀念。　8. 具体指“城墙和积水滩之间的一块石头”。坐在面向积水滩、背后有城墙的石头上看水中的小蝌蚪、叶上的嫩蜻蜓，像小儿安睡在摇篮里一样安适。　9. 陶渊明，《饮酒（其五）》，采菊东篱下，悠然见南山。　10. 像我这样的一个贫寒的人，或许只有在北平才能享受一点清福吧。11. 点明题意，照应开头“落泪才足以把内心表达出来”，使文章结构更为严谨，把“想北平”的感情推向高潮，戛然而止，耐人寻味。

（二）12. C　13. B　14. A　15. C

二十二　世界是平的，世界是通的

一、1. D　2. D　3. C　4. A

二、（一）5. 世界其他文明也在吸取中华文明的营养之后变得更加丰富、发达。　6. B　7. C

（二）8. 吃到果实就想到结果的树，喝到水就想到水的来源。　9. 那些似曾相识的面容、那些久远熟悉的语言、那些频率相近的心跳、那些浸润至今的仪俗、那些茂密茁壮的传奇、那些心心相印的瞩望。　10. A　11. 我们有责任保存与传承中华文化。

二十三　中国画与西洋画

一、1. C　2. B　3. A　4. C　5. B　6. C　7. B

二、（一）8. 汉代，唐代，希腊。　9. 中国画不重背景，西洋画很重背景；东洋画题材以自然为主，西洋画题材以人物为主。　10. 西洋画重写实，故必描背景，画面全部填涂，不留空白。中国画重传神，故必删除琐碎而特写其主题，以求印象的强明，故留出空白余地甚多。　11. 中国画重神韵、趣味高远，西洋画重形似、趣味平易。故为艺术研究，西洋画不及中国画的精深。为民众欣赏，中国画不及西洋画的普通。

（二）12. D　13. D　14. 不同点："传统型"系统是"取今复古""以复古为革新"；"融合型"系统借鉴西方美术改革自己、发展自己。相同点：中国国画界这两个系统根据的都是中国知识分子自我表现的欲望。　15. ①中国国画艺术的创作是个人性的，它的灵活性、自由性使它在任何时代都具有发展变化的机制。②由于中国画是一种独特的艺术形式，是为西洋画所不能代替的，它的存在与发展不会产生根本的危机，所以将永久性地成为绘画艺术的一种独立的形式。③中国画与西洋画能够满足人们不同的审美需要，它们将分别占有不同的空间，因而中国画会永久占有一席之地。

二十四　古希腊的石头

一、1.（1）ài mèi（2）kàng（3）jūn（4）gōu（5）mǐn（6）xū　2. D　3. B　4. C　5. B　6. C　7. A

二、（一）8. 承上启下的作用。　9. 因为这是历史的本来面目，尊重历史就是不更改历史。　10. 每一块看似冰冷的古老的石头，其实并没有死亡，它们犹然带着昔时的气息。"石头上的残痕则是它们命运的印记与年龄的刻度。"从中可看出，这些石头都是对历史的最真实的记录，也正是今人对历史沧桑感的一种真实的认识。

（二）11. 奥林匹亚是全人类的体育圣地，它把健康的概念纳入文明，并被全人类接受，是值得我们永远仰望的地方。　12. 拟人、比喻。　13. 奥林匹亚虽年代久远，但仍威严庄重，使人敬仰，启发人们思考。　14. 古代希腊文明把健康的概念如此强烈地纳入文明，关注人的整体，追求人的双重健康：智力的健康和肢体的健康。中华文明较少关注个体意义和机体意义上的自我，在人际关系上做了太多的文章。　15. A

拓 展 延 伸

（一）略。（本题为开放式题目）

（二）1. D 2. D 3. D 4. 示例：这次海啸给人类一个严重的警告，就是人类在自然面前不应只想着去改造它，而忘记了对它的敬畏与尊重。我要严厉批评一种口号，即所谓“人定胜天”——这是一种破坏人和自然和谐、平等关系的有悖科学规律的观点。我认为，我们人类对自然要有一颗敬畏之心。我们要明白自然万物与我们人类是平等的，我们必须尊重自然中的一切生命，就像热爱自己的生命一样。 5. 略。

第六单元参考答案

二十六　六 国 论

一、1. A 2. B 3. A 4. C 5. D

二、（一）6.（1）凭借，介词；来，连词。（2）却，转折连词；无实意，顺接连词。7. C 8. B 9. 诸侯及士人不明大势，见识短浅，策略失误。 10. 六国破灭，非兵不利，战不善，弊在赂秦。

（二）11.（1）正碰上。（2）对……说。（3）丢弃。（4）保全。 12. A 13.（1）损害道义，苟且偷生，这哪里是我荀巨伯所干出的事情？（2）你是个怎样的男子，怎么敢独自停留在这座空城？ 14. 荀巨伯重道义友情，使胡地的侵略者看到了正义的力量，于是撤出了这座城池。

二十七　游褒禅山记

一、1.（1）政治家，思想家，文学家，介甫，半山。（2）则游者众，则至者少，而世之奇伟、瑰怪、非常之观，故非有志者不能至也。（3）志，力，志，力，物。 2. D 3. A 4. D 5. D

二、（一）6. D 7. D 8. C 9. D 10. C

（二）11.（1）黄河的源头等地理资料。（3）黄河受污染的原因。 12.（1）黄河污染的原因之一是因为缺水，所以要保护黄河就要对使用黄河水进行严格的控制。（2）污水排入黄河也是其中的原因之一，所以要减少排入黄河内的污水。（3）把花在建排污沟的费用多花在管理上，而不是只花在治理上。 13.（1）不能。加点的短语是用实际检测的记录来说明来水量是有史以来最少的年份，体现了科普作品语言的准确性、科学性。（2）描写，用生动形象的语言，说明黄河污染严重。 14. 略。

二十八　国 殇

一、1.（1）战国，楚，政治家，爱国诗人，平，原，浪漫。（2）骚体诗，现实，浪漫。（3）《九歌》《离骚》 （4）四，七，杂，刘向，诗体。 2. B 3. D 4. B 5. D 6. D

二、（一）7. C　8. 仍怜故乡水，万里送行舟。　9. 山随平野尽，江入大荒流，月下飞天镜，云生结海楼。由远到近。

10. 示例：①“山随平野尽，江入大荒流。”前句形象描述了船出三峡、渡过荆门山后长江两岸的特有景色：山逐渐消失了，眼前是一望无际的低平的原野。这句巧妙地将静止的山岭描绘出充满动感与空间感的活动画面来。后句写出江水奔腾直泻的气势和荆门一带平原旷野寥廓高远的景色。这两句把生活在蜀中的人初次出峡，见到广阔平原时的新鲜感受极其真切地写了出来。景中蕴藏着诗人喜悦开朗的心情和青春的蓬勃朝气。

②“月下飞天镜，云生结海楼”是先以水中明月如圆镜反衬江水的平静，再以天上云彩构成海市蜃楼衬托江岸的辽阔、天空的高远。诗人以移步换景的手法，从不同角度描绘出长江的近景和远景，奇妙多姿，艺术效果十分强烈。

③“仍怜故乡水，万里送行舟”不直接说出对养育过自己的故乡的思念之意，而是说故乡之水恋恋不舍地一路送“我”远行，怀着深情厚谊；“万里送行舟”，从另一面写来，越发显出自己的思乡情深。

（二）11. A　12. C　13. 示例：江水浩渺，春潮涌涨，放眼望去，江岸齐平。顺和的江风中，一叶白帆端端直直地高悬在广阔无边的江天上。

二十九　孔雀东南飞（并序）

一、1.《古诗为焦仲卿妻作》，叙事，悲剧经过，汉末建安中，南，徐陵，《玉台新咏》。乐府诗，起兴作比，悲剧传奇，现实主义，刘兰芝，焦仲卿，封建礼教、家长制的罪恶，浪漫主义，美好的愿望，北，《木兰诗》，乐府双璧。　2. A　3.（1）B（2）C　4. D　5.（1）C（2）C（3）C（4）B（5）C　6.（1）D（2）C（3）D　7.（1）C（2）C（3）D

二、（一）8. 用了兴的手法；为全诗写下感情的基调，起到统摄全诗、引起故事的作用。9. 采用了赋的手法；突出了女主人公的心灵手巧，多才多艺。　10. C

（二）11. 七绝，格律。　12. C　13. C　14. 杜牧，七言绝句。

拓展延伸

（一）冯立知恩图报，迷途知返，故唐太宗认为他是一个忠义之士。我们要向冯立学习的也正是这些方面。

（二）1. C　2. B　3. D　4. C　5. C

综合自测题（A卷）参考答案

第 Ⅰ 卷

一、1. C　2. D　3. C　4. D　5. A　6. C　7. A　8. D　9. D　10. C　11. A　12. A　13. D　14. B　15. B

二、(一) 16. B　17. A　18. D　19. D

(二) 20. A　21. C　22. D　23. A

(三) 24. A　25. D　26. A　27. A

三、28. D　29. C　30. C　31. D　32. A　33. C　34. A　35. A　36. B　37. C　38. B　39. C　40. A　41. B　42. C　43. A

第 Ⅱ 卷

四、44. ① 胡同、四合院，是北京市民的居住方式，也是北京市民的文化形态。

② 胡同文化是一种封闭的文化。

45. ① 即使不是最主要的部分。

② 胡同文化即使不是北京文化最主要的部分，也是其重要组成部分。

46. ①a. 安土重迁，不大愿意搬家；b. 破家值万贯。

②a. 居民大都安土重迁，不大愿意搬家；b. 有人在胡同里一住几十年，舍不得挪窝儿。

五、略。

六、略。

七、略。

八、略。

综合自测题（B卷）参考答案

第 Ⅰ 卷

一、1. D　2. D　3. B　4. A　5. A　6. A　7. A　8. B　9. A　10. B　11. D　12. D　13. A　14. C　15. B

二、(一) 16. B　17. B　18. A　19. D

(二) 20. A　21. D　22. D　23. D

(三) 24. D　25. D　26. D　27. C

三、28. B　29. D　30. B　31. A　32. C　33. A　34. B　35. B　36. D　37. D　38. A　39. D　40. B　41. D　42. C　43. D

第 Ⅱ 卷

四、44. ① 有“性格”的作品，能显示外部与内在真实的作品是美的。

② 没有“性格”，不能显示外部与内在真实的作品是丑的。

③ 用魔杖触一下——即把丑表现得有性格，有心理深度。

45. ① 前呼后应，一击三叹，形成结构圆合。

② 凸现罗丹艺术形象，强化作者的崇敬之情。

五、略。
六、略。
七、略。
八、略。

学习卡账号使用说明

一、注册/登录

访问 http://abook.hep.com.cn/sve,点击"注册",在注册页面输入用户名、密码及常用的邮箱进行注册。已注册的用户直接输入用户名和密码登录即可进入"我的课程"页面。

二、课程绑定

点击"我的课程"页面右上方"绑定课程",正确输入教材封底防伪标签上的20位密码,点击"确定"完成课程绑定。

三、访问课程

在"正在学习"列表中选择已绑定的课程,点击"进入课程"即可浏览或下载与本书配套的课程资源。刚绑定的课程请在"申请学习"列表中选择相应课程并点击"进入课程"。

如有账号问题,请发邮件至:4a_admin_zz@pub.hep.cn。